PROHIBID

SER POBRE

LUIS EDUARDO BARÓN

Título original: Prohibido Ser Pobre
(c) Luis Eduardo Barón 2020

Primera Edición: Agosto 2019

Segunda Edición: Octubre 2019

Diseño del libro: Marta Garrido

Correción de estilo: Mariela Vargas Ostos

Fotografía del Autor: Rick Benitez

www.prohibidoserpobre.com

Dedicado a mi esposa, mi compañera de aventuras y a mi inspiración, Juan Sebastián, Daniela y Manuela.

Y a todos los emprendedores del mundo.

IMPORTANTE

Con la compra de este libro tienes acceso completamente gratis a una zona de miembros exclusiva donde encontrarás material complementario de cada capítulo, ejemplos y videos que te ayudarán a poner en práctica todo lo que vas a descubrir en este ejemplar.

www.prohibidoserpobre.com/amazon

AGRADECIMIENTOS

Mi vida no sería la que es sin el apoyo de mi familia, a mis hermanos Jorge y Amparo que han sido mis guías, a mis padres en el cielo, a mi familia política y a Dios que me permite hacer todos los días lo que amo hacer.

A todos mis mentores, a mis amigos, a mis colegas, a mis alumnos, seguidores y en especial a todo el equipo del Instituto de Negocios que me ha permitido llevar este mensaje y cambiar vidas.

TABLA DE CONTENIDOS

PARTE 1
LA CONCEPCIÓN

PARTE 2
LA CREACIÓN

PARTE 3
LA CONVERSIÓN

INTRODUCCIÓN

Era el comienzo del verano de 1980, caminaba junto a mi amigo Jacobo Naar Carbonell por las calles de Viena cuando en una esquina, nos detuvimos, se me quedó mirando y me dijo: *"Luis Eduardo en Austria está prohibido ser pobre, rico todo lo que quiera, pero pobre no"*.

Jacobo había emigrado desde su natal Barranquilla en Colombia a Austria algunos años antes y era en ese momento el director del servicio en español de Radio Austria Internacional - (ORF). Mi *hobby* de juventud era escuchar estaciones de onda corta, se llamaba DXismo, yo decía que era el pariente pobre de los radioaficionados, y mi activa participación me había llevado a Viena a la ORF para conocer la voz que estaba detrás de mi radio Zenith transoceánico de 11 bandas.

Las palabras de este colombiano en el exilio produjeron en mí un eco que retumba en mi cabeza…Aquí está prohibido ser pobre, y es esa frase la que ha marcado mi vida desde entonces.

¿Qué hace que una persona sea pobre y otra no?

En el mismo país, en la misma ciudad, en la misma familia, una persona puede tener una mentalidad de prosperidad y otra de pobreza, sin embargo, ser pobre parece ser el destino de aquellos que nacieron en las clases menos favorecidas y con menos acceso a oportunidades, pero eso no tiene por qué ser así.

Los gobiernos hacen esfuerzos para sacar de la pobreza a los más vulnerables, pero el verdadero antídoto, no es ese, la solución no está en subsidios, en poner paños de agua tibia en el problema. La verdadera solución está en el emprendimiento.

La pobreza no sólo es económica, la mayor pobreza es la pobreza mental, creer que no podemos, que la riqueza es algo que nos merecemos o heredamos, algo así como un título nobiliario, pero está comprobado que sólo si rompemos las creencias limitantes, podemos salir adelante.

Esto no es de estratos sociales o de educación, es de cambiar nuestra mentalidad, de tener una mentalidad de abundancia, de prosperidad.

Hay una segunda pobreza y es la de espíritu, dejar pasar las oportunidades, sentarse a ver cómo otros lo logran y tomar la decisión de ser protagonista en lugar de espectador.

Pero la pobreza que a todos nos alarma, es la pobreza económica, y esa pobreza es la más sencilla de resolver y por eso he decidido escribir este libro, para demostrarte que si tienes las instrucciones tú puedes tomar el control de tu vida, pero eso será más adelante porque quiero contarte una historia.

LA CUARTA REVOLUCIÓN

La primera revolución de la humanidad fue la Agrícola, fue el campo el que ayudó al progreso, y desarrolló el comercio.

La segunda revolución fue la Industrial, cuando en 1887 nacieron las primeras fábricas.

En esta revolución nacieron también los primeros emprendedores, personajes como Thomas Alva Edison, Henry Ford, John D. Rockefeller, Andrew Carnegie, Cornelius Vanderbilt, Alexander Graham Bell, George Westinghouse, entre otros.

Los primeros renegados, aquellos que desafiaron el sistema, pero esas empresas necesitaban mano de obra.

Ahí nace nuestro sistema educativo, un sistema que desde entonces se creó con el único fin de proveer de empleados calificados a las factorías.

Un sistema que recibe muchachos con ansias de aprender y entrega empleados listos para trabajar.

No sé si a ti que estás leyendo este libro te pasó, pero muy seguramente tus padres, educados en el mismo sistema te dijeron la famosa frase: *"hijito, estudia duro, saca buenas notas para que tengas un buen empleo"*. Esa fue la frase lapidaria que frustró los sueños de emprendedor de muchos de nosotros.

Pero las cosas han cambiado, la tercera revolución cambió el paradigma, la tecnológica o digital.

Esta comenzó a fines de los años 70 con la aparición de los computadores personales y se adentró en los 90 con el auge de Internet.

De esta revolución surge una nueva casta de emprendedores, los nuevos renegados, Bill Gates, Steve Jobs, Mark Zuckenberg, Elon Musk, Jeff Bezos y así como en la revolución industrial el sistema requería empleados, la nueva revolución necesitaba usuarios.

La revolución digital comenzó la democratización de la tecnología y con ella, la democratización de la información.

Antes solo grandes conglomerados tenían el monopolio de la información, los periódicos, las cadenas de radio y televisión.

Eran ellos los únicos que poseían el privilegio de informar.

Junio 29 de 2007, Steve Jobs presenta un aparato que permitía escuchar música, navegar por Internet y además era teléfono, lo llamó, iPhone y ese día puso el poder en las manos de las personas.

Junio 25 de 2009 muere Michael Jackson, el mundo se entera de su fallecimiento por Twitter antes que por los medios tradicionales.

Había caído el monopolio, ahora era la gente la que tenía la información y la tenía en sus manos.

Pero esta revolución generó otra más poderosa aún.

Peter Drucker, el padre de la empresa moderna, habló por primera vez de la economía del conocimiento en 1969 en el capítulo 12 de su libro "The Age of Discontinuity".

Predijo que un día el conocimiento sería más valioso que el trabajo, la tierra y los activos bursátiles.

Todos pensaron que eso nunca sería posible, pero unos meses antes de su muerte en 2006, Drucker dijo, *"ha llegado la economía del conocimiento"*, lo que yo llamo la cuarta revolución.

La educación está sufriendo la democratización, el monopolio del conocimiento ya no está en las grandes universidades o instituciones, la gente está aprendiendo a distancia, sin tener que desplazarse, con costos más razonables y mayor efectividad.

Ya no aprendemos como antes, ahora vamos a YouTube a ver un video, compramos un curso para aprender un idioma que tomamos desde el teléfono móvil o completamos la capacitación de un oficio, un *hobby*, una habilidad, desde una plataforma *online*.

El mundo es diferente, la industria del conocimiento se ha desarrollado gracias a las nuevas tecnologías y hoy una persona que sabe algo puede ganar mucho dinero enseñando a otro que no lo sabe.

El mundo cambió y ahora la nueva generación de emprendedores, los nuevos renegados estamos cambiando al mundo, personas como tú o como yo que hemos comprendido que la pobreza no se hereda, que la riqueza se crea, que no importa lo que eres o no eres, tú tienes las mismas capacidades de generar abundancia en una era donde el saber algo se ha convertido en una moneda.

Nunca antes en la historia de la humanidad había sido tan fácil empezar un negocio propio, jamás en los últimos dos siglos habíamos tenido una oportunidad igual.

La democratización del conocimiento, democratizó también el emprendimiento.

> **La pobreza no tiene clase social ni color, ni condición, hay pobres en todos los estratos, de todos los colores y sabores, porque la pobreza es un estado mental.**

La pobreza en nuestros países la combatimos si enseñamos emprendimiento y ese emprendimiento muy seguramente será digital.

¿PERO CÓMO EMPEZAR UN NEGOCIO *ONLINE*?

Te voy a contar una historia.

Llegué un lunes temprano a mi oficina y encontré a un muchacho desgarbado de unos 21 años, era el famoso Borja del que su novia Bego nos había estado hablando las últimas semanas.

Begoña Martín Baeza era una periodista que me había enviado un programa de becas del Gobierno de España. Este programa me permitía tener pasantes trabajando por algunos meses en mi empresa de publicaciones en Florida, Estados Unidos.

Todos los que pasaron por mi oficina en ese programa de becas fueron jóvenes brillantes, pero Begoña era especial, para su corta edad, tenía una madurez y una claridad de su futuro que le daba mucha confianza en lo que hacía.

Llegaba temprano, vestida de forma impecable, redactaba las notas para el periódico y durante varias semanas nos estuvo hablando de forma reiterada de su novio, prácticamente todos los días.

Borja Montón acababa de llegar a Sarasota (Florida) para visitarla y al verlo ahí sentado sin hacer nada le pedí que pasara a mi oficina. Me contó que acababa de graduarse de entrenador físico en España pero que su verdadera pasión era la magia.

El paro juvenil en ese momento pasaba el 50 por ciento en ese país y las alternativas laborales para un entrenador físico eran muy pocas, aunque mejores que para las de un mago.

Fascinado con las posibilidades de crear un negocio en Internet que Begoña le había comentado, Borja empezó a indagar más sobre cómo llevar su mensaje a la red. La primera tarea que le di fue: *"trae una lista de nombres para tu página web y una investigación de las páginas de magia existentes"*.

Al día siguiente me llegó con una lista de la cual ningún nombre servía. Tu negocio se va a llamar *"Domina la magia"* le dije, y si en 10 minutos no lo registras, lo hago yo…y el resto, es historia.

Hoy en día su canal tiene cerca de un millón de suscriptores en YouTube, su instituto de magia *online* tiene miles de miembros, ha realizado lanzamientos de sus productos en Internet con facturaciones de cientos de miles de dólares y tiene un programa de televisión en su país.

Pero Borja tuvo el mismo miedo que tú puedes tener, —y yo quién soy para enseñar, en YouTube hay muchos videos de magia gratis, cómo me van a pagar a mí—.

Estas frases las escucho con frecuencia, y más adelante en otro capítulo te sigo contando la historia de Borja y cómo logró cumplir el gran sueño que le había prometido a su novia.

Borja Montón lo logró, un chico de 21 años, porque hizo algo que la mayoría de la gente no hace, tomar acción.

Acabar con la pobreza de espíritu y de mentalidad que nos paralizan.

En este libro vas a encontrar palabras que quizás nunca habías escuchado antes o que ahora que las oyes cobran sentido para ti, acuñé el término "Emprenduñol", para definir un nuevo idioma, el idioma de los emprendedores, quizás en un futuro muchas personas lo hablen y oficialmente se popularice, por eso cuando puedas comparte en las redes sociales el #aquisehablaemprenduñol y comienza a ser parte de esta nueva generación de renegados, los renegados digitales.

En las siguientes páginas te voy a revelar las claves que he usado y compartido con cientos de alumnos y que han sido responsables de cambiar vidas, como la de Borja.

En cada capítulo te dejaré material complementario que podrás descargar de forma gratuita para realizar algunos ejercicios sencillos que te ayudarán a cumplir tu meta, porque a partir de hoy...

"Está Prohibido Ser Pobre".

Luis Eduardo

CAPÍTULO 1

MI SUEÑO, TENER UN MILLÓN DE MILLONARIOS

Y cómo me convertí en un constructor de historias de éxito.

Eran las 10:00 a.m., del martes 22 de marzo de 2011, estaba listo para hacer clic y enviar el correo para comenzar el lanzamiento de mi primer producto en Internet, me sentía ansioso pero dar ese clic en "enviar" se convirtió en el paso más importante que pude dar para mi futuro.

Nací en Ibagué, Colombia, en una familia de clase media de emprendedores, soy el menor de 3 hermanos, pero cuando ellos te llevan más de 10 años, me sentía como si fuera hijo único. Desde pequeño siempre quise ser arquitecto, logré cumplir mi deseo pero por cosas de la vida mi camino estaba en los medios de comunicación.

Comencé a trabajar en cine en mi adolescencia y de la mano de mi hermano Jorge que estaba empezando su empresa de televisión aprendí todo de esa industria. Combinaba mis estudios de una carrera extenuante como es la arquitectura con largas horas encerrado en un estudio de televisión con grabaciones interminables.

Para un muchacho de 18 años, era el mejor de los mundos, no alcancé a usar mi título de arquitecto porque mi carrera en televisión me fue consumiendo. Pasar de camarógrafo a gerente de la compañía, pasando por editor, productor, director de los más variados programas, escribir argumentos para telenovelas, fue cosa de pocos años.

Tuve la fortuna de conocer a su Santidad, Juan Pablo II, en su visita a Colombia cuando dirigí la transmisión durante su paso por Popayán, ciudad afectada por un terremoto un Jueves Santo, y que el papa decidió visitar.

Dirigí la transmisión de Copa Libertadores de América, viajando semana a semana a diferentes estadios del continente. Incluso la final de 1989 que transmitimos para un centenar de países y que ganó el equipo Atlético Nacional, por primera vez para Colombia.

Muchos artistas del momento pasaron por ese estudio, cantantes, actores, políticos, fue una Época de Oro en mi vida, la envidia de mis compañeros de estudio que a veces tenían entradas para ver las grabaciones.

Los viajes a diferentes canales de televisión del mundo, ferias internacionales, conferencias, me llevaron a abrir mi panorama y tener una visión global y sobre todo descubrir la importancia del contenido.

Al fin y al cabo, independiente del medio, cine, televisión, cable, *home video*, la moneda de circulación era la misma, contenido.

Allí en ese mundo conocí a la persona que me cambió la vida.

Como gerente de la empresa muchas de las decisiones de contrataciones llegaban a mi escritorio, una de ellas fue la de una asistente comercial. Su hoja de vida estuvo encima de mi bandeja de papeles por revisar unos tres meses, hasta que un día el gerente comercial me habló de la urgente necesidad de tener otra persona en el departamento.

La contrataron y cuando estaban realizando el recorrido protocolario por la empresa, la puerta se entreabrió y se asomó el gerente comercial junto a una joven tímida, muy hermosa de un largo cabello rubio. Levanté ligeramente la mirada y les dije amablemente: "disculpen estoy muy ocupado en este momento, pero bienvenida a la empresa". Tres meses estuvo su fotografía sobre el escritorio, un disculpe la veo más tarde, no era la mejor manera de presentarme a la que sería un año después mi compañera de este viaje por la vida.

A los pocos meses me había enamorado perdidamente de esta mujer encantadora, a la que conquisté enviándole cartas todos los días, yo digo que mis primeras cartas de ventas, grabándole casetes de música de Silvio Rodríguez y enviándole una flor todos los días hasta el día de nuestro matrimonio.

> Jocosamente en mis conferencias cuento que nunca le pedí matrimonio porque cuando uno hace bien el trabajo de nutrir a tu prospecto, es él quien quiere comprarte. Y creo que así fue.

Martha Lucía ha sido lo mejor que me ha pasado en mi vida, un ser maravilloso que me ha dado los tres mejores regalos de mi existencia, Juan Sebastián, Daniela y Manuela. Que ha sido mi compañera y alcahueta en todas mis locuras.

Y fue ella con su visión, la que un día me propuso que saliéramos de Colombia. Su intención era que los niños aprendieran otro idioma y viendo la situación del país a finales del siglo pasado, la inseguridad, la economía, tomamos la decisión de experimentar un año en el exterior.

Yo me había independizado dos años antes, tenía una vida cómoda y mucho tiempo disponible, me apasionaba la navegación y la idea de estar un año "sabático" era muy tentadora, aunque los recursos no daban para estar mucho tiempo "patrocinando" mi aventura.

En julio de 1999 llegamos a Estados Unidos, tenía 40 años y la vitalidad para empezar una nueva vida, así que meses más tarde decidimos quedarnos.

Era la época más compleja que vivió Colombia, un país sitiado por tres fuerzas, la guerrilla, los paramilitares y el Estado. Un acuerdo de paz frustrado, el fortalecimiento de la insurgencia, la barbarie y un Estado débil que no auguraba un panorama de solución cercana.

La decisión de dejar una vida entera en Colombia y comenzar una nueva desde cero, no fue fácil. Mis años de experiencia en los medios, lo poco o mucho que habíamos construido. Era un camino que estábamos abandonando para adentrarnos a empezar en un sitio nuevo, con un idioma que no dominábamos, en una cultura diferente y sin conocer prácticamente a nadie.

Lo que inclinó la balanza fue ver a mis hijos florecer. Habíamos llegado a una ciudad hermosa, en la Costa Oeste de Florida llamada Sarasota, con playas espectaculares y una calidad de vida fantástica. Así que nos quedamos, aplicamos para una Visa, y comenzamos la búsqueda de empezar un negocio.

> Yo digo que siempre los negocios surgen de un sueño y en mi caso fue así. Me levanté y le dije a mi esposa, vamos a empezar una revista y lo hicimos.

El 24 de junio de 2000 nació La Guía del Golfo (Ahora solo es LA GUÍA) una revista modesta en papel periódico con algunas páginas a color y poco a poco se fue convirtiendo en la más popular de la región, pasamos a tenerla toda en papel brillante, 120 páginas, que no dejaba nada que envidiar a las de pago americanas. Ese año me gané el premio al Mejor Emprendedor Hispano del área, la revista empezó a ganar reconocimiento nacional y logramos 4 premios nacionales José Martí a la Mejor Revista Hispana de Estados Unidos.

En 2001 nació 7DÍAS, un semanario que comenzó a abarcar toda la región de la Bahía de Tampa, una nueva revista,

LA GUÍA, para el área de Tampa-Clearwater y dos franquicias en otras ciudades.

Había descubierto el poder de los pequeños negocios.

Estados Unidos es quizás la economía más grande del planeta y esta economía se mueve por emprendedores, dueños de pequeños negocios, profesionales, que generan empleo, pagan impuestos y desarrollan quizás más que las grandes corporaciones, la innovación y creatividad. Somos los pequeños negocios la clave de la prosperidad.

Y comienza esta historia, había descubierto el antídoto para la pobreza. Recordé la calle de Viena y las palabras de Jacobo, si queremos acabar con la pobreza tenemos que fomentar el emprendimiento, yo era el mejor ejemplo, mi historia salía en los periódicos de mi ciudad como la prueba viviente del "Sueño Americano", mi clientes lo eran igual y encontré en mí una vocación, la de ayudar a que más personas en el área empezaran sus negocios.

A medida que teníamos más profesionales, más tiendas, salones de belleza, tortillerías o talleres, más crecían nuestras publicaciones. Le enseñaba a mis clientes cómo hacer crecer sus negocios, dábamos conferencias de *marketing*, motivábamos a los recién llegados a empezar su emprendimiento, pero no todo fue color de rosas.

Octubre de 2007, comienza la tormenta. La burbuja inmobiliaria que nos había hecho vivir en una economía de mentiras se revienta y con ella como por efecto dominó, fue afectándose cada sector de la economía. A nosotros la ola nos llegó en el último semestre de 2008 y fue avasalladora.

En ese momento teníamos unos 15 empleados directos y mucha gente que dependía de nosotros, yo ya no era el gerente de la empresa, mi cargo era el de CEO y nuestros planes futuros eran expandir las franquicias y tener presencia nacional. La facturación había crecido de la mano del crecimiento hispano del área, habíamos casi triplicado las cifras de población en 7 años y eso nos volvía un mercado apetecido, tanto que el periódico americano más grande de la región, el Tampa Tribune, nos propuso una alianza y un año después ofreció comprarnos. Rechacé la oferta sin presentir que poco tiempo después las condiciones serían muy diferentes.

La Gran Recesión se llevó a los bancos y los bancos arrastraron todo, muchos de mis clientes cerraron sus negocios, otros dejaron de pagar y mi fe en Estados Unidos no me dejó tomar decisiones a tiempo a pesar de las advertencias de mi esposa.

La facturación cayó estrepitosamente, y mi hijo mayor empezaba la universidad, por fortuna con una beca cien por ciento en sus estudios, pero con los gastos normales de viaje y manutención. Al año siguiente fue mi hija la que ingresó a la misma Universidad del Sur de California, sin beca, y las cosas se complicaron, era lo que yo llamo la "tormenta perfecta".

Mis ingresos bajos, la facturación no alcanzaba para mantener los gastos y los clientes retrasaban sus pagos o simplemente no pagaban. Mi estilo de vida era diferente y la única opción era reinventarse.

Encontré Internet, algo que siempre había estado en mi ADN, mi empresa desde Colombia se llamaba TV Net, una combinación imaginaria de Televisión y la red. Mi cuenta de correo fue una de las primeras en mi país y de *hobby* hacía páginas web para el club de vela, incluso tuve una página para hablar de navegación.

Ya el lenguaje era familiar para mí y tuve mis primeros mentores que me abrieron el camino. Personas a las que siempre agradeceré lo que me enseñaron.

Tuve los mismos miedos que puedes tener tú que estás leyendo este libro, pero si te cuento esta historia es porque si yo pude, tú también lo puedes hacer.

Sabía que tenía que llevar un mensaje, el poder de los pequeños negocios, ese poder que puede cambiar la economía de nuestros países. Ya lo había hecho con personas en mi área y ahora me estaba preparando para llevarlo al mundo a través de Internet.

Me había fijado un sueño, tener un millón de millonarios en el mercado hispano, gracias a sus pequeños negocios.

Sabía que si llevaba ese mensaje podía despertar a ese emprendedor que todos llevamos dentro y encaminarlo por el mundo de los negocios.

Así nació mi primer curso, "Las Claves Secretas de un negocio millonario". Había preparado un lanzamiento con 3 videos hablando de los fundamentos que todo emprendedor debe conocer para tener un negocio rentable y mi idea era vender el curso de 4 meses con información básica para una persona que quisiera empezar o mejorar su negocio.

Y ahí estaba, sentado frente a mi PC, con el cursor en "enviar" esperando las diez en punto de la mañana para hacerlo.

Minutos después ya tenía mil personas en la lista y unos días más tarde abrí la venta.

Tuve más de 3.000 comentarios, mi debut *online* había sido superexitoso y la expectativa de venta era alta.

Abrimos el carrito de compras y entró la primera venta.

No saben ustedes la emoción que se siente.

Cerramos unos días después con 293 ventas, una menos de lo que yo había pronosticado, pero muchas menos de lo que se esperaba por los comentarios y la acogida.

Mis primeros alumnos recuerdan ese primer encuentro con ellos en algo que nunca había organizado antes, un *webinar*, un seminario virtual, estuvimos desde las 7 de la noche hasta las 3 de la mañana. Mis alumnos de España, Italia, Australia y Japón y otros 19 países pasaron de largo o se levantaron a la madrugada, pero estaban ahí, con las ganas de convertir su negocio en una fuente de prosperidad.

Ahí en ese evento a esas horas de la noche, madrugada en

Roma, estaba Edgar Walter Saenz Montemayor, un peruano que había emigrado a Italia y trabajaba en el mundo de la construcción.

Edgar descargaba el audio del curso y mientras trabajaba escuchaba las clases de "Las Claves Secretas", participaba en los *webinars* semanales porque tenía un sueño, empezar su negocio, un restaurante peruano en Roma, el mejor de toda Italia.

Encontró el local y convenció al dueño de que se lo rentara y él se encargaría de la remodelación. Terminaba su jornada de trabajo y la seguía en el local con su única compañía, el curso "Las Claves Secretas".

Poco después abrió "Inka Chicken" el mejor restaurante peruano en Roma, el primero de varios negocios que tiene en esa ciudad.

Unos años más tarde estábamos en Bogotá en uno de nuestros eventos de Marketing por Internet, y él salió adelante a presentarse y nos contó esta historia y la remató con un "gracias a este hombre lo pude lograr", nos abrazamos y desde luego juntos nos pusimos a llorar. Nada difícil para mí que quizás soy el primer ser humano que ha llorado en la película Rambo.

Nunca construí casas, pero estoy construyendo historias de éxito.

Historias como esta son las que se han logrado, transformaciones que han cambiado a seres humanos comunes como Edgar Walter en verdaderos modelos a seguir.

Cuando hice clic en "enviar" nunca imaginé que se podían

tocar tantas vidas, escribir historias y construir prosperidad, pero lo mejor, nunca pensé que podía motivar a otras personas a hacer lo mismo que yo estaba haciendo.

Hoy en día Edgar Walter, no sólo es un gran empresario, es un gran motivador, ayuda a otras personas a mejorar sus restaurantes, lleva su mensaje en las redes sociales y está también transformando vidas.

Dime, ¿y tú no quisieras transformar la tuya?

Qué mensaje llevas dentro que podría cambiar el curso de una familia, dar una esperanza, una solución, una ayuda.

Cuando estás en Internet estás llegando a lugares donde quizás nunca te hubieras podido imaginar alcanzar, tenemos alumnos en 46 países y todos los continentes. No sólo el continente americano. Guinea Ecuatorial, Rusia, Suiza, Alemania, Francia, Australia, Suecia, Egipto, Tailandia, Nueva Zelanda, países que no son de habla hispana pero donde hay un emprendedor que habla español y quiere cambiar su vida.

La experiencia alcanzada en mi primer curso me dio todas las bases, para el siguiente, "Dobla Tu Productividad", el siguiente "La Estrategia de la Oruga", "Máster Para Emprendedores", hasta que nació el Instituto de Negocios, la casa de los emprendedores hispanos.

Un sitio de capacitación virtual para personas como tú y como yo, que quizás no tenemos tiempo para ir a una institución y necesitamos capacitarnos para mejorar nuestros negocios con programas fáciles que podemos tomar *online*. Yo lo llamo el Netflix de los pequeños negocios.

Creamos una familia, porque ya no estamos solos, ahora estamos IN (Por Instituto de Negocios) ese ha sido nuestro mantra y esa familia de emprendedores con su propio idioma, el emprenduñol, ha logrado luchar contra la pobreza, la pobreza de mentalidad, de acción, que nos impide alcanzar la prosperidad que buscamos.

Decidí escribir este libro porque encontré que el mejor antídoto para esa pobreza es el emprendimiento.

Está prohibido ser pobre, pero la gente no sabe por dónde empezar a ser rico.

He dividido este libro en 3 partes, cada una es un proceso de una metodología que he usado para lograr tener éxito en mi negocio y que mis alumnos también lo tengan.

Es un método sencillo que te lleva de la mano para lograr tu objetivo, bien sea que quieras empezar tu propio emprendimiento digital, o que seas un dueño de un negocio tradicional que quiere aumentar sus ventas usando esta herramienta de *marketing*, o un profesional que quiere aumentar su alcance, posicionarse o vender su conocimiento, o una persona que quiere vender su pasión o llevar un mensaje.

La herramienta es la misma, el uso es diferente y de eso te voy a hablar en cada capítulo.

Preparé una serie de Mapas Secretos para ayudarte en el proceso.

Sólo tienes que ir a:

www.prohibidoserpobre.com/amazon

Y podrás descargar los ejercicios capítulo por capítulo, el primero es el mapa completo, y en cada capítulo te enseño el camino para completarlo.

Aquí comienza tu viaje y te aseguro que tu vida será diferente cuando lo termines.

CAPÍTULO 2

LA MENTALIDAD DIGITAL

Realmente el éxito de un emprendedor es un asunto de mentalidad, no radica en otras habilidades o vocaciones.

La mentalidad es el factor determinante, si no es así ¿dime por qué en el mismo país, en la misma ciudad, en el mismo vecindario, en la misma familia, hay personas que tienen éxito y otras no?

Si fueran circunstancias externas solamente, muchos de los grandes emprendedores que conocemos nunca hubieran sido lo que han sido. Thomas Alva Edison, uno de los más grandes inventores de la historia, fue devuelto de la escuela porque no tenía, según su profesor, la capacidad para aprender. Arturo Calle uno de los grandes empresarios colombianos empezó su negocio en un pequeño almacén que le vendieron a crédito, Jeff Bezos tuvo que pedirle prestado a su padrastro el dinero para comenzar Amazon.

La pobreza de mentalidad es una de las causas que impiden la prosperidad.

Si nosotros no creemos que podemos hacerlo, simplemente esa es la orden que recibe nuestro cerebro y tus órdenes serán cumplidas.

Bien sea que pienses que puedes o no puedes, siempre vas a tener la razón. Así que ¿qué te cuesta creer que puedes lograrlo?

El prerrequisito para emprender tu negocio radica en tener la mentalidad apropiada y para eso hay 4 palabras mágicas en el mundo empresarial: Claridad y Enfoque, Tomar Acción y Perseverar.

Las escribo en pareja porque trabajan en pareja.

CLARIDAD Y ENFOQUE

De niño jugaba con mis primos con un vidrio de aumento y un papel. Era fascinante ver como si concentrábamos los rayos de luz del Sol en un solo punto, el papel que teníamos se empezaba a quemar. Era algo salido de los mejores trucos de magia para unos niños de 9 años, pero ese concepto va más allá del experimento casero.

El emprendedor usualmente carece de claridad y enfoque, son dos disciplinas importantísimas que debemos practicar a diario. Si tenemos claridad en lo que hacemos será mucho más fácil poder determinar nuestras acciones y si enfocamos nuestra energía en aquella acción que queremos, lo vamos a lograr.

Cuando niños si concentrábamos los rayos en un solo punto

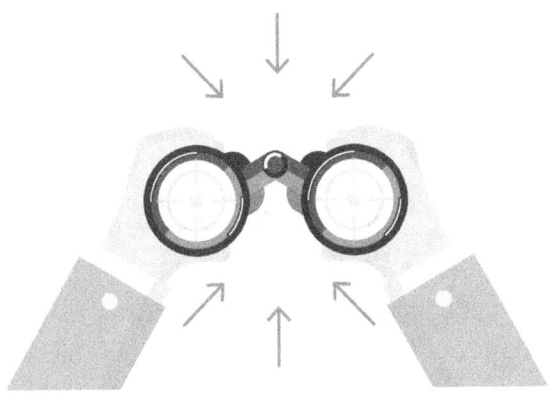

empezaba el humo a salir, pero si movíamos el vidrio así fuera unos milímetros, el rayo se disipaba y nada pasaba. Bastaba únicamente un pequeño movimiento para que el Sol no actuara en el papel.

Así es la mente del emprendedor, un solo desvío deja que actuemos y nuestros esfuerzos se disipan.

La mayoría de las personas que quieren empezar un negocio, no tienen ni idea qué quieren hacer, hay miles de ideas en su cabeza o quizás ninguna, no hay claridad, pero si tú sabes que es lo que quieres, simplemente te enfocas en lograrlo, concentras tus "rayos de luz" en un solo punto y se produce la magia.

Dime si no conoces a alguien que comienza su negocio y de repente lo ves haciendo otras cosas y luego otras y otras, incluso en su mismo negocio. Ni tiene claridad, ni tiene enfoque.

Y para poder descubrir esa claridad tenemos que recurrir a algunas de las estrategias básicas de los negocios, la Visión, por ejemplo.

Yo digo que los negocios grandes fueron negocios pequeños que hicieron las cosas bien, y no hay negocio grande que no tenga una visión clara.

¿Qué es una visión?

Ver tu punto de llegada, un emprendedor es un visionario, puede imaginar el futuro y ese futuro tiene una realidad y esa realidad se plasma en una visión.

Dime, si tu negocio fuera perfecto algún día, cómo te gustaría que la gente hablara de él. Qué dirían de tu negocio. Eso es quizás lo que tú tienes que escuchar para lograr construir tu visión, saber a ciencia cierta cómo quieres construir tu emprendimiento para que un día, cumpla ese objetivo, ser lo que tú imaginaste.

El sol brillaba intensamente en la tarde del 12 de septiembre de 1962 en el Rice Stadium en Houston, Texas, era un día caluroso y ante 40.000 asistentes en el estadio de la Universidad Rice, el presidente de los Estados Unidos, John F. Kennedy pronunció estas palabras, *"hemos escogido ir a la Luna en esta década"*.

Kennedy tuvo una visión, ¿existía la NASA? Sí. ¿Existía el proyecto Apollo? No, pero el Gobierno de los Estados Unidos había establecido una visión. En algo así como 17 minutos Kennedy habló de esa visión, en su mente estaba tener un astronauta clavando la bandera de los Estados Unidos en la superficie de la Luna. Incluso habló de la velocidad de la nave, de los materiales aún no inventados que deberían usar y hasta del calor que radiaría a su ingreso de nuevo a la atmósfera de la Tierra.

A partir de ese momento con esa claridad, los esfuerzos y recursos comenzaron a trabajar para hacer realidad esa visión.

El 20 de julio de 1969 a las 20:17 horas tiempo del Este, Neil Amstrong pisó la superficie lunar y con ese primer paso cumplió la visión trazada. La visión de Kennedy y de todo un país se había hecho realidad.

Esa es la importancia de una visión, traza el objetivo de lo que queremos hacer realidad.

El siguiente paso es tener una misión clara, qué queremos que alcancen nuestros clientes. Para volver al ejemplo del hombre en la Luna, la misión de los Estados Unidos era ganar la carrera espacial, darle al país el lugar de prominencia en plena "Guerra Fría", acelerar la economía y proporcionarle a la nación un sentido de pertenencia y orgullo.

El propósito era claro, la carrera espacial era un reto de un país, se crearían empleos, se generaría progreso porque existía una meta y se había trazado un plan de prioridad nacional.

Todos estaban sintonizados con la misión y tenían clara la visión.

No existía ese proyecto espacial pero existía una visión, una misión y un propósito claros y lo hicieron.

Ese 20 de julio de 1969 recuerdo que mi padre compró un televisor para ver la llegada del hombre a la Luna porque gracias a los satélites, el mundo pudo ver la hazaña en directo.

Estaba ahí sentado en la sala de mi casa viendo la transmisión y siendo testigo de la historia, por eso me gusta contarla porque es la mejor manera de ilustrar a mis alumnos la importancia de tener claridad sobre lo que queremos hacer.

Los emprendedores somos, inventores de empresas, hacedores de realidades. Pasamos de ser soñadores a ser creadores.

Quiero que hagas un ejercicio:

Si tu negocio fuera perfecto en 5 años por ejemplo, cómo lo describirías.

VISIÓN
● Cómo te gustaría que hablaran de él. Qué dirían.

MISIÓN
● ¿Qué quieres alcanzar y que tus clientes alcancen?

PROPÓSITO
● Quiero que escribas tu propósito, esto te ayudará a saber la verdadera razón de empezar tu negocio.

Recuerda que en: **www.prohibidoserpobre.com/amazon** encuentras los descargables para que hagas el ejercicio.

TOMAR ACCIÓN Y PERSEVERAR

Dicen que el éxito en la vida es como un gran bufet lleno de platos ricos al alcance de todo el mundo. Para poder alcanzarlo, hacen falta dos cosas, ponerte en la fila y no salirte de la fila.

Ponerte en la fila, es levantarnos de la silla y salir a buscarlo, tomar acción.

> Nada va a pasar en tu vida hasta que tú no hagas algo para que pase, tú puedes tener la visión clara, saber tu misión y tu propósito pero si no tomas acción, nada va a pasar.

Las grandes historias de éxito tienen un denominador común, una persona que hizo algo por adversas que fueran las circunstancias, pero lo hizo.

Pretender el éxito sólo porque cerramos nuestros ojos levantamos la cabeza al universo, abrimos los brazos y creemos profundamente que del cielo y gracias a una energía divina van a bajar las soluciones, sólo pasa en las películas y algunos libros de motivación.

Tenemos que tomar acción y acción masiva. Si realmente queremos lograr nuestro "hombre en la Luna" tenemos que poner mucho esfuerzo en ese proyecto, ponernos en la fila del bufet y no salirnos de la misma, perseverar.

Durante la "fiebre del oro" en los Estados Unidos, R. V. Darby se fue al Oeste de la nación a buscar una mina, compró una licencia en Colorado y a puro pico y pala comenzó a cavar su destino. Después de varios meses, obtuvo su recompensa al descubrir una veta del mineral pero necesitaba invertir en herramientas y equipo para empezar la explotación.

Regresó a su hogar en Maryland y convenció a algunos parientes para que invirtieran en el proyecto.

Comenzó su trabajo en compañía de su tío y en poco tiempo se habían convertido en propietarios de una de las minas más ricas en la región.

Como era de esperarse, incrementaron la producción, siguieron perforando pero un día la veta desapareció. Algo había pasado, en vano siguieron con su empeño, pero nada ocurría, hasta que desilusionados, decidieron abandonar la mina, vendieron la maquinaria a un chatarrero y se marcharon.

El chatarrero, buscó a un ingeniero de minas que hizo sus cálculos y dijo que el oro reaparecería a un metro de donde habían dejado de escavar y así fue.

R. V. Darby se detuvo a un metro de una fortuna.

¿Cuántas veces la falta de perseverancia ha acabado con nuestros sueños?

Empezamos nuestros negocios pero a la primera dificultad abandonamos la "mina" sin saber si el oro estaba muy cerca de nosotros. Perseverancia es la palabra clave, seguir, insistir, no detenerse al primer obstáculo.

Mi consigna con mis alumnos es que los obstáculos son pruebas que nos pone la vida para saber si nos merecemos el éxito.

Si no podemos superar esos obstáculos pequeños, no podremos superar los grandes, si no podemos superar los grandes, no podremos disfrutar el éxito.

Todos queremos ir por el camino y que no tengamos tropiezos, para eso hay una fórmula, sigue los pasos de una persona que ya logró lo que tú quieres y súbete a sus hombros.

Si vas a esperar que el camino esté libre de tropiezos te quedarás esperando, ten un mentor, un guía que te ayude, ese guía no estará contigo por siempre, un día verás que ya tú conoces el camino perfecto y que él o ella te entrenó para recorrerlo.

MENTALIDAD DIGITAL

Los negocios por Internet son iguales a cualquier otro negocio "físico" los fundamentos son los mismos, pero la mentalidad es completamente diferente.

La mentalidad digital es de abundancia, si este libro yo lo convierto en un PDF, su costo de producción se reduce y tiende a cero. No hay costo de impresión, la distribución no incrementa significativamente con el número de copias enviadas, así que si quisiera regalar el libro en PDF no tendría mayor costo, por no decir que no costaría nada.

Pero si decidiera hacer lo mismo con el libro físico, su costo no haría viable esa posibilidad.

Por eso en Internet hablamos de abundancia, no tenemos que restringirnos en producir más o incluso regalar nuestros productos.

Repite por favor, sí, incluso regalar nuestros productos. Esa mentalidad nos lleva a otro concepto poderoso, si tú quieres ganar dinero tienes que depositar valor en la cuenta de valor de tu cliente para que él deposite dinero en la tuya. Entre más valor des vas a ganar más dinero.

Al año puedo publicar alrededor de 300 videos gratuitos, algunas veces publico uno al día, con contenido de mucho valor dedicados a personas que quieren empezar su negocio. Esos videos gratuitos generados masivamente, llegan a miles de personas que me siguen y que tarde o temprano (ojalá más temprano de lo pensado) comprarán una de mis capacitaciones.

¿Podría usar la misma estrategia si fuera algo físico? Quizás no, pero más adelante te revelaré la magia de los embudos de venta donde puedes usar la estrategia de *marketing digital* para negocios físicos.

Abundancia, esa es la palabra, pensamos siempre en dar, lo llamo la "parábola del boxeador", entre más das, más recibes.

En un negocio digital no hay competencia porque no hay escasez. En el mundo "físico" salimos con un cuchillo entre los dientes cada mañana a librar una guerra por el cliente. Nuestros competidores son nuestros enemigos, no podemos compartir con ellos nuestras estrategias y por el contrario estamos tratando de enterarnos de las mismas para sacar provecho y llegar primero a nuestros prospectos.

Las reuniones de colegas son muy particulares, recuerdo en mi época de televisión haber estado en ellas y fijar políticas gremiales, para luego escuchar a la salida a algunos de los ejecutivos que estaban en la mesa, dando instrucciones a sus empleados de quebrarlas para adelantarse a los demás.

Pero cuando se acaba la escasez, se acaba la competencia, en el mundo digital no tenemos competidores tenemos aliados. Si tú tienes un negocio y alguien hace lo mismo que tú, él o ella no te van a quitar clientes, al contrario si trabajas en colaboración vas a tener la oportunidad de crecer, crecen juntos, compartes estrategias, aprendizajes, etc.

Es un cambio de paradigma grande, saber que cuando sube la marea, suben todos los barcos.

Si alguien llega y compra un producto tuyo, tarde o temprano comprará un producto que tú recomiendes de otra persona o seguirá buscando soluciones *online* porque tuvo una buena experiencia pasada.

Hay personas a quienes les gusta mi sistema de aprendizaje y a otras que no, así que hay personas que me compran a mí, pero le pueden comprar a un amigo que hace algo similar o complementario y si yo lo recomiendo, tengo una comisión del 50 % por la venta, es decir, ganamos lo mismo los dos, pero es mi amigo el que trabaja y viceversa.

La mentalidad de colaboración, de crecer juntos, de compartir, de abundancia, hace que tu vivas en un ambiente de prosperidad, de positivismo y cuando eso pasa, estamos formando verdaderos emprendedores y no simplemente "depredadores" que buscan un beneficio egoísta.

Pero lo principal del negocio digital es que es un negocio cuyo éxito se basa en una palabra... transformación.

Como en todos los negocios hay personas que hacen bien su trabajo y otras que no, pero la gran mayoría de las personas que estamos en esta industria tenemos un propósito, transformar vidas.

El eje central de mi capacitación es lograr que una persona llegue de un punto A a un punto B. Que parta desde donde se encuentra, punto A, quizás confundida pensando que un negocio en Internet es muy complicado, que no tiene la capacidad o la edad, hasta un punto B, teniendo su negocio rentable que le permita cumplir su sueño. Esa es la transformación.

De esto hablo a fondo más adelante, pero es fundamental porque la mentalidad de un emprendedor digital debe estar orientada en producir resultados, y cuando hablo de resultados no te digo resultados económicos que sí, son importantes, hablo de los resultados que busca tu cliente, sus transformaciones.

Nuestra mentalidad es diferente, si estás leyendo este libro porque te vas a volver millonario, por favor ciérralo ya y pide la devolución que estás a tiempo. Pero si lo estás leyendo porque quieres cambiar vidas, ten la seguridad que entre más vidas transformes, más dinero vas a ganar.

Por eso cuando alguien me dice, me puedo volver millonario, mi pregunta es, ¿a cuántas personas vas a ayudar?

¿CÓMO NACIÓ EL MÉTODO?

No sé si te gusta la cocina, pero hacer por primera vez un plato sin receta es de locos. Cuando una persona va a cocinar un plato, saca su receta, la lee, compra los ingredientes y sigue paso a paso las instrucciones. Si lo elaboras correctamente, el plato que tú haces no debería ser muy diferente de cualquier otro preparado con la misma receta y calidad de ingredientes.

Es como armar un mueble de esos que te llegan en una caja y se convierte en plan familiar, donde curiosamente empiezan todos los miembros de la familia y termina solo uno con el pelo parado y los ojos cuadrados.

Por lo general somos los hombres los que abrimos la caja, sacamos las piezas, las herramientas y comenzamos, al final unas horas más tarde con el mueble inclinado y varios torni-

llos en el piso, nos decidimos a mirar una hoja que aún está dentro de la caja donde casi siempre dice, por favor no abrir hasta no leer las instrucciones.

Y así son los negocios.

Cuando yo empecé, algunos de mis tutores decían una cosa, luego había otros que decían todo lo contrario. No había una metodología para seguir, bueno, aún hay muchas personas que no usan ninguna metodología para enseñar, pero te decía que no había un paso a paso, la receta.

Mi comienzo en Internet fue seguir lo que me decían así pensara que no era lógico, pero si tú no sabes, hay que hacer caso. Una vez fui aprendiendo fui empezando a hacer las cosas diferentes, probar y probar y algunas cosas funcionaban y otras no.

Así que un día compré un Cubo de Rubik, recuerdo que en la universidad jugábamos horas enteras a armarlo y después de días lográbamos entender la lógica y cada vez era más rápido. Dejé el cubo al lado y dije, esto es lo que está faltando, una metodología lógica.

Con mis habilidades arquitectónicas, saqué una hoja que se convirtió en un par de docenas y comencé a rayar, hacer mapas, flujos de cómo podría hacer más simple el proceso.

Llegué a un Mapa Secreto, término que se convirtió en parte de mi lenguaje, y lo probé, funcionó, volví y corregí, lo volví a probar y mejoramos, hasta que el mapa cada día era más eficiente.

Promovía de vez en cuando los productos de colegas y tremenda sorpresa, empecé a ganar todos los premios, comisiones, viajes, y la misma pregunta, ¿qué estás haciendo que tienes tanto éxito?

Mi fama empezó a crecer, me fui convirtiendo rápidamente en uno de los líderes de la industria, nunca me he considerado gurú, ni lo haré jamás, pero para muchos era eso, un gurú.

Así que dije, ¿y si le enseño a alguien el método, funcionará?

Era la primavera de 2015 y llegó a mi oficina, Víctor Lachica, un joven periodista que había trabajado en nuestras publicaciones como becario por el convenio que se tenía con las organizaciones españolas. Víctor tenía en esa época 22 años, era él quien había escogido a su sucesora, Begoña Martín.

Recuerdo que no había pasado unas horas de su primera llegada cuando lo invité a tomar un café, le dije: "Víctor cuando regreses a las Islas Canarias no vas a encontrar empleo, tú no puedes regresar con el mismo conocimiento que llegaste, tú tienes que convertirte en un emprendedor, tener tu propio negocio". Sus ojos se agrandaron, me miró con cara de haber escuchado una historia de terror y tuve la sensación de que estaba a punto de salir corriendo. Diría: *"en qué sitio he venido a parar, esto parece una secta o algo así"*.

Tiempo después me confesó que llamó a su señora madre para contarle la experiencia, —que un loco le acababa de decir que tenía que ser dueño de su propio negocio—. Afortunadamente, me escuchó.

Regresó 7 meses después a España lleno de cursos y libros que yo le había regalado y la ilusión de convertirse en dueño de su propio negocio. Abrió la primera revista digital para *tablets* en Canarias, fue entrevistado en la televisión y prensa, pero meses más tarde vio que había una gran oportunidad de comenzar un máster en *marketing digital* en Madrid.

Durante los meses que estuvo en mi oficina, se empapó de todo este mundo digital y me ayudó mucho a implementar las cosas de mi naciente negocio *online*, así que dijo, si he aprendido esto con Luis Eduardo, cómo será lo que aprenda en la universidad.

Pero los 15.000 euros que costaba el máster no los tenía, así que recurrió a su abuelo que con gusto se los prestó bajo la promesa de una devolución en poco tiempo.

Comenzó el máster con todo el sacrificio, con la ilusión de aprender más de este apasionante mundo y ganarse la vida con lo aprendido para retornar el préstamo a su abuelo y salir de las estadísticas del paro laboral, pero las cosas no fueron ni lo uno ni lo otro.

A pesar de haber acabado el máster con honores, la situación lo llevó a trabajar en una importante agencia donde ganaba a duras penas 100 euros al mes. Algo que no le permitía siquiera pagar el metro o tomarse una cerveza los fines de semana.

Y él pensaba, ¿y a este ritmo cuándo le voy a pagar a mi abuelo el dinero?

Lo invitamos a uno de nuestros eventos para hablar de su experiencia con la revista digital, allí compartió escenario con

Borja que habló de YouTube y se ganaron los aplausos del público.

Borja ya no era el Mago Borjini de fiestas infantiles, había cambiado su imagen por el Mago Borja Montón, usaba Internet con un programa semanal de magia haciendo exactamente lo que había aprendido conmigo y comenzaba a grabar videos de magia haciendo que su canal, otrora con pocos suscriptores, hubiera crecido a 10 mil en unos meses.

Como premio los invitamos a una evento de alto precio en Tampa y una noche Borja me dijo en el restaurante del hotel: "Luis Eduardo, si me haces ganar 100.000 dólares yo te llevo a la tienda Apple y puedes escoger todo lo que quieres de la tienda en tres minutos". Sin pensarlo, estreché su mano y le dije: "trato hecho".

Víctor estaba ahí conmigo en su primer día de trabajo, le había propuesto que viniera a Sarasota a ayudarme a crecer el negocio y una de nuestras primeras charlas fue, "dado el éxito que tuviste tú y Borja, en septiembre van a dar una conferencia de YouTube, tú vas a hablar de *videomarketing* y Borja de tráfico gratuito", que ya estaba experimentando.

Nuevamente la mirada de asombro, pero esta vez pasó al enojo. Me dijo: "pero Luis Eduardo, quién soy yo para hablar de *videomarketing*". Le dije: "cálmate, vete a la casa y hablamos mañana".

Al día siguiente retomamos la conversación pero esta vez lo senté a mi lado y comenzamos a ver páginas de Internet de varios gurús famosos del mercado americano. Le mostré que varios de ellos no tenían canal de YouTube o si lo tenían no contaban con muchos suscriptores.

Le pregunté: "¿has dejado de pensar que ellos son los mejores ahora que has visto que no tienen los suscriptores que creías?". Me respondió: "no".

Le dije: "compra todos los cursos necesarios, aprende y vas a practicar en mi negocio".

**"Lo que aprendas y funcione,
te servirá para la conferencia".**

Les compartí a Víctor y a Borja la fórmula que uso para mis presentaciones, nos reuníamos a ver la suya y ese septiembre hicieron su presentación con éxito, una de las mejores conferencias del evento. A la salida les dije, ahora van a lanzar en 2 meses su producto y aplicamos la metodología que me había funcionado, no tenía nombre en ese momento, pero un tiempo después la llamé "Empieza Tu Negocio" el método ETN.

Recuerdo que a comienzos de noviembre fuimos a la tienda Apple en Tampa, no tenía tres minutos como era la promesa, mi esposa los había convencido que era mucho tiempo para mí, así que tenía solo un minuto.

Escogí unos audífonos de $150, por la insistencia de los muchachos, pero ellos estaban felices, no habían vendido 100, habían logrado sobrepasar los 200.000 dólares en su lanzamiento.

Víctor logró devolverle el dinero a su abuelo y cumplir el sueño de su madre, conocer Nueva York. Borja hizo realidad su boda con Bego y que fuera la boda de sus sueños. Porque eso es lo que hace este negocio, hacer realidad sueños.

Si el método funcionaba para mí, si lo había compartido con ellos y funcionaba, ¿por qué no compartirlo con más gente?

Así que se me ocurrió hacer un *reality show* (te dejo al final del capítulo el enlace para que lo veas en YouTube) y mostrarles a las personas cómo usar ese paso a paso. Tuvimos mucho éxito, era la primera vez que se hacía un *reality* con tanto contenido de valor y la emoción de una "competencia" y al final del mismo la gente tuvo la oportunidad de matricularse al curso "Empieza Tu Negocio".

La gente quería saber cómo tener su negocio y la clave era crear una receta, un método para lograrlo, lo dividí en tres etapas, Concepción, Creación y Conversión.

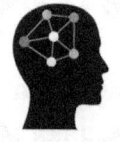  

CONCEPCIÓN   CREACIÓN   CONVERSIÓN

Y en cada una de ellas tres pasos.

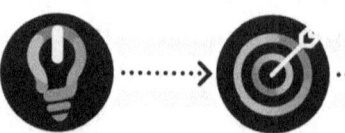

CONCEPCIÓN

| CREACIÓN | | |
| CONVERSIÓN | | |

Es un proceso lógico que te lo voy a explicar con ejemplos porque a partir de hoy…está prohibido ser pobre, pobre de mentalidad y de acción.

En la página: **www.prohibidoserpobre.com/amazon** vas a encontrar una copia en PDF del método, el mismo que uso con mis alumnos y que te lo explico detalladamente en las siguientes páginas.

Mira el *reality show*, La Nueva Estrella de Internet en:

http://ojo.la/lnedi

¿USTED NO SABE QUIÉN SOY YO?

Quizás una de las grandes lecciones de la historia de Víctor fue que él no creía que fuera capaz de hacerlo. No porque no creyera que lo podía hacer, sino que no creía que tuviera las credenciales para lograrlo.

Esta situación es muy frecuente en este negocio, es parte de la pobreza de autoestima, no creemos en nosotros y si tú no crees en ti, ¿cómo vas a pretender que otro crea en ti?

Tú no eres menos que nadie, quizás sabes algo que para ti es natural, pero que otra persona no lo sabe o puedes aprender algo y enseñarlo. ¿Serás experto? Sí, quizás no lo sabes todo pero cuando tomas la determinación de ser experto, te conviertes en uno, comienzas a estudiar, asistir a conferencias, comprar cursos y creces como persona y alcanzas la sabiduría que necesitabas.

Creer en ti, es la base de todo. Tu mentalidad debe cambiar, la gente dice, pero es que estos casos son de gente joven, yo tengo más años que Víctor y Borja sumados. Pero es que tú eres profesional; sí, soy arquitecto, pero no estoy enseñando mi profesión, enseño negocios. Qué vale más, ¿que te dijera que estudié en una escuela de administración, tengo una maestría en emprendimiento pero jamás en mi vida he tenido una empresa? O, que he tenido negocios, altas y bajas, éxitos y aprendizajes, que les he enseñado a miles de alumnos y que ellos han podido mejorar sus negocios.

Dime, de quién quisieras aprender, de alguien que lo hace o de alguien que lo ve hacer.

Quizás tú no tienes las credenciales pero tienes la experiencia y esa experiencia práctica vale y alguien la va a pagar.

De eso hablaremos en el Capítulo 7, porque en el próximo empezaremos una inmersión por el fascinante mundo de los negocios por Internet.

PARTE 1

LA CONCEPCIÓN

CAPÍTULO 3

PASO #1 LA IDEA

Comenzamos el viaje por la metodología que vas a seguir para crear tu negocio *online*.

Son 3 etapas, CONCEPCIÓN, CREACIÓN Y CONVERSIÓN, cada una de ellas tiene 3 pasos sencillos.

En esta primera etapa, vas a descubrir los fundamentos de tu negocio. Yo como buen arquitecto, diría las bases, la cimentación del edificio.

Si esta etapa queda sólida, tu negocio será sólido, es la etapa inicial pero a ella volverás con frecuencia porque puedes ajustar, replantear o corregir, de acuerdo a como sean tus avances.

Comencemos.

¿CÓMO FUNCIONA UN NEGOCIO EN INTERNET?

Si estás leyendo este capítulo sólo porque quieres ganar dinero como te decía en páginas anteriores, no sigas.

Un negocio en Internet funciona diferente, si tu aproximación a los negocios *online* es en búsqueda de oportunidades, te convertirás en oportunista, pero si quieres un negocio a largo plazo, un verdadero negocio escalable, sabrás que lo importante son los resultados.

En un mundo como en el que vivimos hoy, nada queda "oculto bajo el sol", las redes sociales se han convertido en replicadores de lo que conocemos por el término boca a boca. Así que un comentario en cualquier sitio de Internet puede ayudar o perjudicar nuestra reputación.

> Si tú no cumples tu promesa puedes vender una vez, pero no habrá una segunda venta y la única manera de tener verdaderos negocios es construir tu máquina.

¿Cuál es el objetivo?

Atraer curiosos que no nos conocen, convertirlos en prospectos, nutrirlos con información hasta convertirlos en clientes, sorprenderlos, aumentar su compra, convertirlos en amigos que nos compran todos nuestros productos y terminan siendo promotores, evangelizadores de nuestros productos que salen a la calle a buscar nuevos curiosos que llegan a nuestro embudo de ventas.

LA MÁQUINA DE LA VENTA

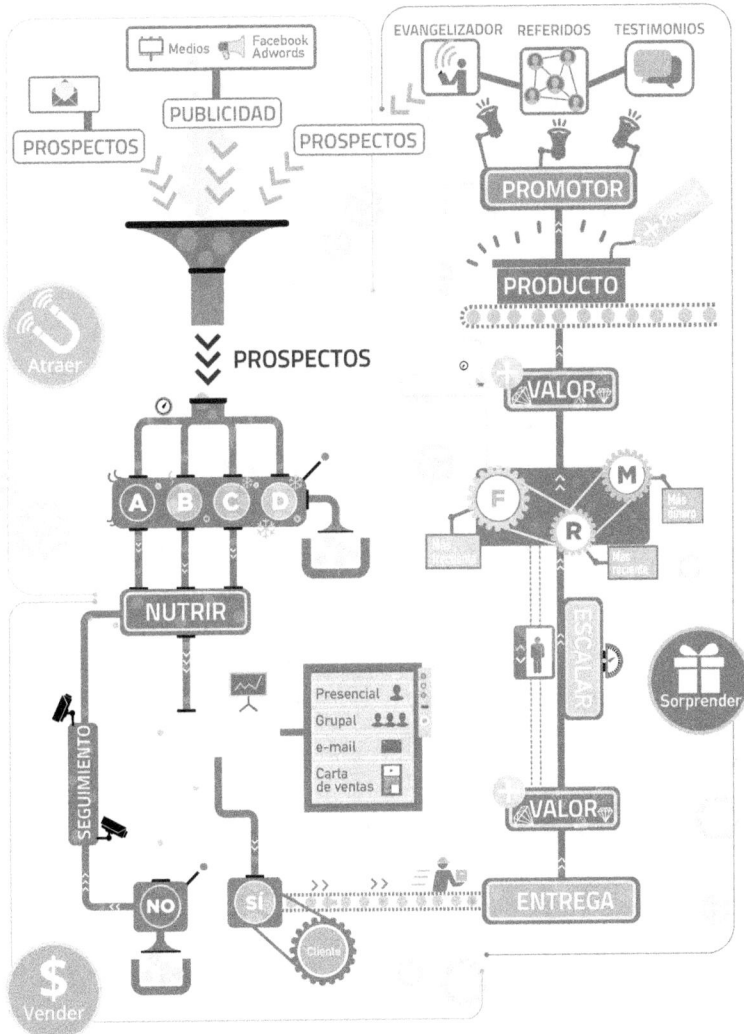

Ese es el principio básico de un negocio
cualquiera que este sea, pero es fundamental
en los negocios *online*.

Un amigo, me habló de la maravilla de los computadores Apple, compré mi primer computador, un Mac Air, luego el iPhone, el iPad, iMac, el Mac Book Pro, y hoy en día todo mi ecosistema es Apple. ¿Y qué hago con mis amigos? Les recomiendo que se pasen a Mac.

Yo lo llamo, el método A.V.S. Atraer, Vender y Sorprender.

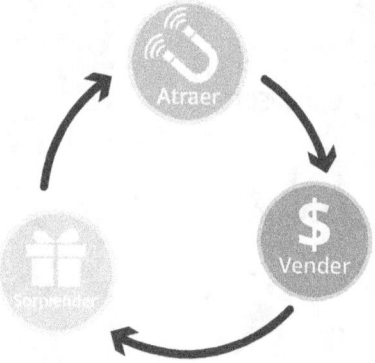

Durante estas páginas vamos a detallar cada paso dentro la metodología y comprenderás que la única forma de ganar dinero es produciendo resultados.

Por eso la promesa que tengas en tu negocio debe ser clara y precisa. No puedes exagerar o prometer algo imposible, tiene que ser alcanzable y como les recomiendo a mis alumnos, escoge una idea donde puedas producir resultados rápidamente, porque la gente cree cuando se cumple la promesa.

Yo nunca prometo que la gente se hará rica, que ganará millones, que lo hará en días o semanas. Este es un negocio como cualquier otro, ¿se pueden vender millones? ¡¡SÍ!!... lo hemos hecho, ¿se puede hacer en días? Sí, se ha logrado, ¿es usual? No.

Los negocios requieren una etapa de maduración, creas un negocio, implementas, corriges, vuelves a implementar, etc. Hasta que vas creciendo y aprendiendo y luego lo escalas.

Cada día será más fácil y más fácil. Simplemente tienes que tomar acción y perseverar.

Mi promesa es que usando el método de "Empieza Tu Negocio", lo puedas hacer en 90 días o menos, hay alumnos que lo han hecho en menos, otros en más, otros nunca lo han hecho.

¿De qué depende?

De ti.

Una vez que aprendes la metodología que vas a descubrir en el libro lo harás mejor y más rápido. Hoy en día si quiero comenzar un nuevo producto es cosa de horas tener listo todo el sistema, cuando empecé fueron meses, sin contar los meses que estuve pensándolo.

> **Si tu prioridad es cambiar tu vida o la vida de alguien más, seguro que tendrás un motivo para hacer que las cosas se hagan realidad, la palabra clave es prioridad.**

LIBERTAD, LIBERTAD

El 26 de agosto de 1789, la Asamblea Nacional Constituyente francesa aprobó los Derechos del Hombre y del Ciudadano. Fue la búsqueda por tener esos derechos lo que causó revoluciones y la independencia de naciones. Era la búsqueda diaria del ser humano, y la primera palabra de los Derechos del Hombre es LIBERTAD.

Cuando tenemos un empleo estamos muchas veces encadenados a él, quizás te ha pasado que no has podido estar en los momentos importantes de tus hijos porque no podías pedir permiso o porque no puedes salir de vacaciones no solo por lo que valen, sino porque ya pediste vacaciones este año y no tienes más días libres.

Recuerda que el sistema educativo fue diseñado para tener empleados, no para tener emprendedores, pero las cosas van a cambiar.

Llevar tu negocio a Internet, te permite tener esa libertad, de tiempo, geográfica, poder hacer negocios desde cualquier parte del mundo, incluso desde tu casa y en pijama si quieres hacerlo. Y lo mejor la libertad económica, porque cuando creces tu negocio creas un activo que te genera ingresos constantes, muchas veces sin tener que estar presente, un negocio escalable y automatizado.

Los negocios *online* son la forma más democrática de emprendimiento que existe, no hay límite de edad, no hay fronteras, no importa la raza, no importa si eres rico o aún no lo eres, si tienes títulos o no, no importa tu orientación sexual o religiosa, es un negocio que se puede hacer en cualquier parte del mundo mientras tengas una conexión a Internet.

No crees tú que un negocio así debería ser promovido por

gobiernos para dar alternativas y generar prosperidad, pero si no lo hacen es porque no saben de él.

No podemos esperar que los gobiernos lo hagan, somos nosotros los que debemos hacer nuestra revolución por lograr nuestro derecho sagrado de libertad, la libertad que podemos lograr siendo los dueños de nuestro destino.

¿PARA QUIÉN ES UN NEGOCIO *ONLINE*?

Me encanta responder esta pregunta, si tú quieres incrementar tus ventas, DEBES aplicar si o si, una estrategia de *marketing digital* en tu negocio, punto.

Ahora, si estás conforme con lo que vendes, ni modo, sigue así.

Internet no es el futuro, es el presente, y si no tienes un componente digital en tu negocio, ten la seguridad de que tarde o temprano te vas a afectar. Tu competencia o tus clientes te lo harán saber y quizás sea demasiado tarde.

Si eres un profesional, por ejemplo, bien sea un doctor, un abogado, arquitecto. Vendes seguros, eres agente inmobiliario, puedes incluir el *marketing digital* en tu negocio.

Por ejemplo, para posicionarte como la persona indicada en tu nicho de mercado.

Presencia en redes sociales, generación de contenido para originar relacionamiento con tus clientes.

Pero también lo puedes usar para atraer prospectos, que lleguen a un embudo de ventas, para después venderles nuestros servicios, bien sea una cita para ir al consultorio odontológico, para mostrar una casa, para vender una póliza.

> ¿Qué logramos?, que nuestro prospecto conozca de nosotros y nos tenga en su cabeza, en el "Top of Mind" a la hora de tomar una decisión.

Vamos a aparecer en su lista como la persona que tiene una solución para ese prospecto y que genuinamente le ha dado contenido para ayudarle a entender el problema y encontrar una solución.

Pero ese profesional también puede usar el *marketing digital* para vender su conocimiento. Por ejemplo, un doctor que vende un curso digital de prevención de la diabetes, o alimentos saludables. Vende su conocimiento como un infoproducto monetizando su expertica en un tema.

También puede vender ese conocimiento a otros colegas en un sitio de membresía, donde ellos pagan una mensualidad para tener acceso a información avanzada o privilegiada.

Y si quisieras dar conferencias, además del posicionamiento, puedes hacer seminarios virtuales, *webinars*, talleres o capacitación sin salir de casa.

Misma herramienta, diferentes usos.

Si tu caso es un negocio físico, un restaurante, taller, salón de belleza, etc. Igual, creas un mecanismo de atracción que veremos en el Capítulo 5, lo llevas a tu embudo, nutres a tu prospecto con información de valor y le vendes tus productos o servicios. Para luego ascender al prospecto y venderle productos de mayor precio.

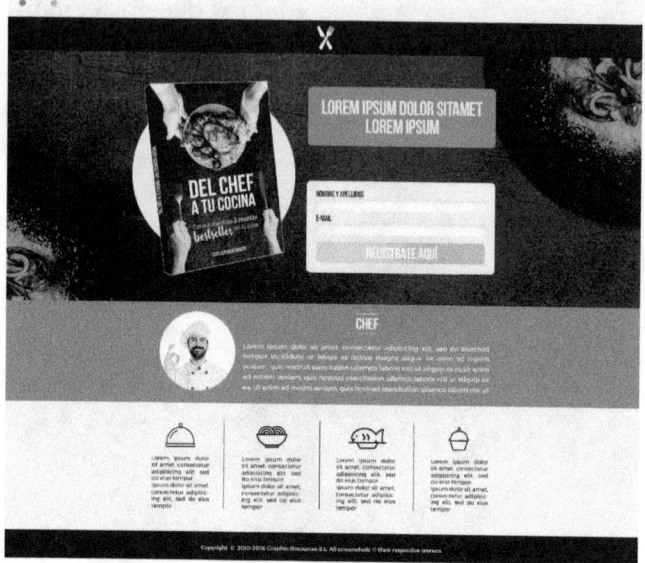

Muchas personas dirán y yo qué puedo vender.

Pues quizás el *marketing digital* se ha convertido en la herramienta más poderosa para vender conocimiento, sí, CONOCIMIENTO.

Tú sabes algo que otra persona pagaría lo que fuera por saber, un *hobby*, un deporte, una habilidad, una profesión, etc. Sabes costura, repostería, ajedrez, golf, productividad, organización del hogar, entrenar a los perros, magia, negocios, logística, tocar piano, guitarra, bueno, lo que te imagines, eso lo puedes enseñar *online*. Bien sea creando infoproductos, dando clases en línea, creando sitios de membresías, hasta talleres especializados de alto precio.

Y también para causas, movimientos, ideas, incluso para políticos, etc. Para llevar mensajes pero en especial para cambiar vidas.

Y la pregunta ahora es... ¿y qué vendo?

TODO EMPIEZA CON LA PASIÓN

Leo, era uno de los principales ejecutivos de una multinacional, llegó a su oficina un martes como todos los martes, pero esta vez recibió una llamada: 'Leo, pasa por recursos humanos'.

Su voz se cortó, quizás por su mente pasó lo peor, pero sus miedos se calmaron al recordar que gracias a su dedicación había logrado que el producto a su cargo se convirtiera en el más rentable de la compañía.

Así que llegó a recursos humanos donde se sentó y el final de la historia, ya lo sabes.

Miles de personas la viven por lo general el viernes, cuando una persona te habla de los resultados de la empresa, de los cambios operacionales, que ya no te ajustas a las nuevas políticas —que no sabes que existen— y tantas otras excusas que usan las compañías para despedir a sus empleados. A sus buenos empleados por lo general.

La historia de Leo Fonseca, no fue diferente. No pudo casi ni salvar las fotos familiares que estaban en la *laptop* y tuvo que regresar a casa en un Uber, con su "cajita" como la llamo yo cuando esto pasa.

www.prohibidoserpobre.com   71

> **Esa es la vida de los empleados, saber que no importa si son buenos o no, un día puede ocurrir eso.**

Con la crisis de principios de siglo, quedó claro que en los momentos de despedir a alguien a los que despiden son a los buenos empleados, a los de mejor desempeño porque por lo general han alcanzado salarios altos y al salir de ellos el "costo social" no es tan alto y el ahorro es grande.

La esposa de Leo había sido alumna mía y cuando viajaba a Ciudad de México siempre me invitaban a cenar y siempre Leo me ofrecía un tequila, como no tomo casi licor, me gustaba escucharlo contándome sobre el tequila, los diferentes tipos de agave, cómo tomarlo, las anécdotas, las historias.

El día que lo vi, me extrañó que fueran las 11 de la mañana y no estuviera en su trabajo, por lo general vivía en viajes y juntas y no estaría libre un día normal a esas horas. Quedamos para cenar como de costumbre, me contó lo sucedido y me dijo que quería incursionar en el mundo del *marketing digital*, le dije Leo, cuando yo hablo contigo siempre te brillan los ojos cuando platicas de un tema, esa es tu pasión.

Se me quedó mirando, tomó su copa y me dijo: "mi pasión es el tequila, voy a crear un infoproducto para enseñarle a la gente a tomar tequila". Ese día nació "el Arte del Tequila".

La historia de Leo es la historia de miles de personas que he conocido, una buena idea de negocio nace de un sueño, pero llega de una pasión que llevas dentro.

En www.prohibidoserpobre.com/amazon vas a encontrar algunos ejercicios que puedes descargar en PDF. Te los voy a copiar acá para que tengas una idea, pero quizás eres como yo que siento que los libros son "sagrados" y no nos gusta rayarlos, por eso puedes descargar e imprimir.

- Llama a 5 amigos y pregúntales para qué eres bueno.

- Si yo te invitara a una entrevista de una hora mañana, ¿qué tema escogerías para hablar?

- Lista las 5 cosas que tu amas **demasiado** hacer (en orden).

- ¿Cuál es una actividad que no te imaginarías vivir sin hacer?

Cuando respondes estas preguntas vas a tener una idea de cuál es la pasión que quieres desarrollar. Quizás has trabajado en algo y tienes mucho conocimiento, ese conocimiento puede ser tu pasión y esa pasión se puede convertir en un negocio.

Yo no sabía que tenía una pasión dentro de mí, la de enseñar. No sabía que había desarrollado una habilidad para crear procesos fáciles de entender, quizás mi formación como arquitecto me había dado esa ventaja, pero esa capacidad se convirtió en una pasión y esa pasión en un negocio, el de enseñar a otras personas a empezar o mejorar sus emprendimientos.

Leo a sus casi 40 no quería volver a vivir esa situación y decidió convertirse en el capitán de su destino.

¿Cuál es tu pasión?

DETERMINA TU MERCADO

Quien quiere venderle todo a todo el mundo, termina vendiendo nada a nadie.

Cuando entras a una tienda de las que llaman "grandes superficies" encuentras todo lo que necesitas, es una gran ventaja, pero en los negocios tenemos que especializarnos, no podemos ser el Walmart, la tienda que tiene todo de todo. La razón, es muy difícil competir con Walmart, pero si somos la tienda especializada que tiene todo de algo específico, nos irá mejor.

En Internet sucede algo parecido, tenemos que escoger nichos, segmentos de mercado específicos.

Por ejemplo, el mercado es Agroindustria, en agroindustria podemos encontrar subnichos, agricultura, ganadería, pesca, silvicultura.

En ganadería hay ganado bovino, ovino, porcino, aves, conejos, etc.

En aves, están gallinas, palomas, patos, gansos, etc.

En gallinas, hay gallos, gallinas, ponedoras, pollitos…

En pollitos hay de corral, y luego un nicho, yo diría un micro nicho, crianza de pollitos en el jardín.

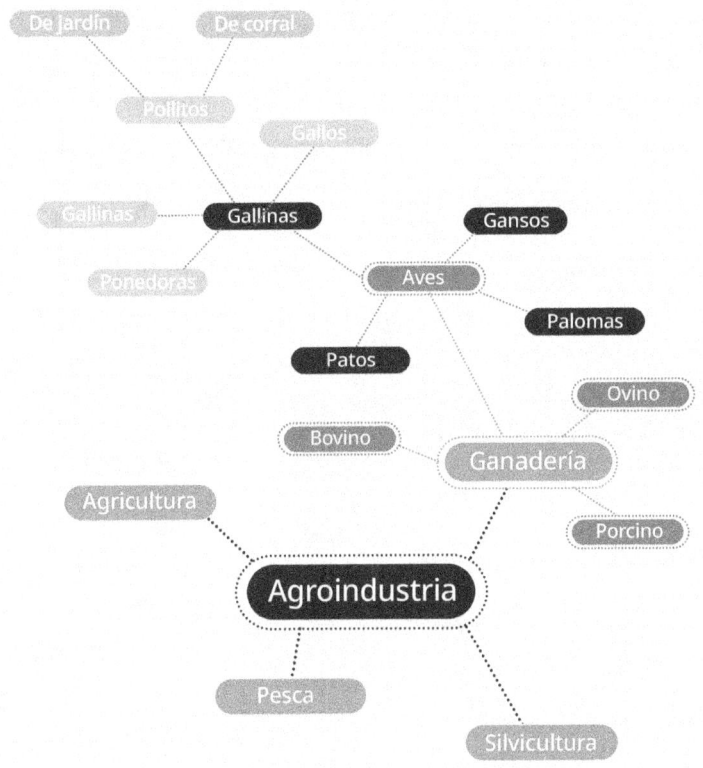

Andy Schneider, mejor conocido como "The Chicken Whispered", aglo, así como el susurrador de pollitos, es la persona que más sabe en Estados Unidos de la crianza de pollitos en el jardín de la casa. Schneider tiene una página web, revista, libros, un programa de radio para hablar del apasionante tema de los pollitos en el jardín.

¿Quién sigue a "The Chicken Whispered"?

Miles de personas que están interesadas en ese nicho.

Es tal el éxito de Schneider que la firma Tractor Supply, lo contrató para ser su portavoz en ese tema específico. Hizo giras nacionales, empresas de ropa para granjeros han asociado su marca con él y ha convertido esa pasión en un verdadero negocio trabajando en un nicho específico.

¿Y podremos hacer un producto digital de pollitos?

Cómo construir un gallinero (en inglés, How to Build a Chicken Coop) es uno de los productos de mayor venta en los últimos años en la plataforma Clickbank, con ventas millonarias año tras año.

Si alguien quiere criar pollitos, necesita un gallinero.

Ese es el poder del nicho, volvernos fuertes en un mercado específico.

Ahora, ¿qué tan pequeño debe ser el nicho? Te devuelvo la pregunta, ¿qué tan grande es el nicho en el que estás pensando para que puedas ganar dinero y escalar el negocio?

No vas a ir a buscar el nicho de gallineros para pollitos colorados con sólo la pata izquierda, reduces demasiado el mercado y no vas a poder ganar dinero, ¿será que hay pollitos colorados con sólo la pata izquierda? Seguro que sí, pero no lo intentes.

Tu mercado debe ser lo suficientemente pequeño para diferenciarte y lo suficientemente grande para crecer.

Quiero que hagas los siguientes ejercicios:

- ¿Cuál es tu mercado objetivo?

- ¿Hay dentro de ese mercado un subnicho o micro nicho que haga el mercado más concentrado?

- Investiga tu nicho: ¿quién es el referente de tu nicho (gurús-*influencers*)?

- ¿Cuáles son las principales páginas web que hablan de este nicho?

- ¿Qué soluciones ofrecen (cursos digitales, servicios)?

- Analiza qué hace falta.

Recuerda que en: **www.empiezatunegocio.com/amazon** tienes los descargables con cada ejercicio.

CREA TU ESTRATEGIA

Como buen capitán de tu negocio, tú estás al frente del campo de batalla. Debes crear tu estrategia.

Pero primero, ¿Qué es estrategia?

Estrategia es una serie de acciones meditadas, planeadas, para alcanzar un fin determinado.

Así que lo primero es determinar el punto de partida y luego el de llegada.

Si no sabes para dónde vas, cualquier camino te sirve, pero peor, si no sabes para dónde vas, nunca sabrás si ya llegaste.

- ¿Cuál es tu estado actual?

- ¿Cuál es tu ingreso actual?

- ¿Cómo te defines?

- ¿Cuáles son tus fortalezas?

- ¿Cuáles son tus debilidades?

- ¿Cuál es la razón principal por la que quieres tener un negocio?

- Después de hacer este ejercicio, quiero que en una frase me digas quién eres.

Y ahora vas a trazar tu destino, tu meta.

- Escribe tus metas a 5 años.

- Escribe tus metas a un año.

- Escribe tus metas a 90 días.

- Escribe las actividades que hiciste la semana pasada destinadas a cumplir tus metas.

Ya tienes tu punto de arranque y tu punto de destino, ya sabes tú pasión, has escogido tu mercado, ya sabes que puedes usar el *marketing digital* para diferentes destinos, tener más clientes, posicionarte, vender tus conocimientos, etc. Escoge cuál será tu estrategia, traza tu plan.

Ponle fechas, pasos.

Al final del libro con toda la información, podrás ajustar ese plan, pero quiero que hagas el ejercicio ahora para que entiendas el proceso.

Dibuja tu plan.

Recuerda que tienes todos los descargables de cada capítulo en: www.prohibidoserpobre.com/amazon

CAPÍTULO 4

PASO #2 EL CLIENTE

Dime, ¿a quién quieres servir?

Tan importante como saber con quién quieres trabajar es con quién no quieres hacerlo.

Por ejemplo, si tú quieres ayudar a mujeres a solucionar sus problemas financieros, ya estás segmentando, no quiero trabajar con hombres, mi solución está enfocada en mujeres con problemas de finanzas. Pero no es lo mismo una mujer de 25 años, una de 40 u otra de 60.

Sus problemas financieros son diferentes, quizás la de 25 está empezando su vida laboral y está ahogada con sus tarjetas de crédito. La de 40 no ha creado un ahorro pensando en su vejez y la de 60, lo que quiere son rendimientos que le permitan vivir en época de su retiro.

> Cuando escogemos el cliente al que queremos ayudar, estamos concentrando nuestros esfuerzos en conocerlo mejor.

Este paso es quizás el más importante del método, yo digo que los pasos Cliente, Solución y Venta, son la columna vertebral de "Empieza Tu Negocio" y el cliente es la base de esa columna.

Si tú tienes algún tipo de negocio quiero que analices quiénes son los mejores clientes, aquellos que te compran más, con mayor frecuencia, que nunca molestan, que te recomiendan. Ahora quiero que analices qué tienen en común.

Mira si son hombres o mujeres, edades, estado civil, nacionalidades, etc., etc.

Seguramente encontrarás un patrón, un común denominador, eso te permitirá construir un perfil.

Si no tienes un negocio pero ya tienes un mercado, tenemos que empezar por validar ese mercado.

Ejercicio:

- ¿Quién necesita lo que yo ofrezco?

- ¿Tiene dinero para comprarlo?

- ¿Hay potencial? ¿Se puede crecer?

Te preguntarás cómo conozco esta información y te voy a contar una historia.

Cambridge Analytica era una empresa británica de consultoría política especializada en análisis de datos, que cerró operaciones después del escándalo que apareció en la prensa en marzo de 2018, sobre uso indebido de la información personal de los usuarios de Facebook durante las elecciones presidenciales de Estados Unidos en el año 2017.

Cambridge Analytica, usó la información privada de los usuarios de la red social suministrada supuestamente para usos académicos en favor de campañas de candidatos conservadores.

La razón del escándalo era simple, estos políticos jugaban con ventaja al conocer exactamente el comportamiento de los votantes y suministrar esta información detallada para realizar campañas digitales con los mensajes apropiados para ellos.

Pero no tienes que ser Cambridge Analytica, ni infringir ninguna ley o violar la privacidad para hacer lo mismo para tu negocio.

> **Las redes sociales ofrecen información sobre los usuarios que usada apropiadamente nos permite establecer perfiles muy aproximados, de las características, gustos, comportamientos de las personas.**

Podemos saber demografías, psicografías y mejor aún, entrar a esos perfiles públicos y actuar como detectives analizando fotos, mensajes, gustos, opiniones, etc. Para darnos una idea de esa persona.

Puedes ingresar a grupos, analizar las opiniones, e ir construyendo perfiles, niveles socioeconómicos, potencial de compra de nuestro mercado y nuestro cliente.

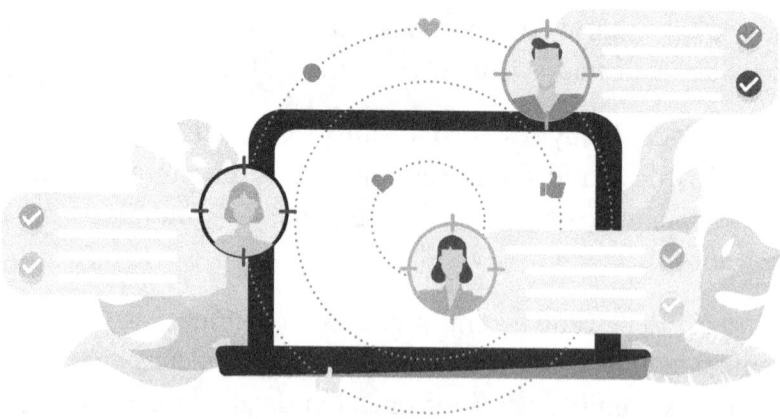

Suena como película de espías, pero es eso, podemos espiar legalmente a personas que representan a nuestro cliente y esa representación la llamamos Avatar. Por eso inventé el **emprenduñol**, porque hay tantas palabras que hacen parte de este nuevo idioma, pero a medida que vas leyendo vas a ir aprendiendo el lenguaje de los emprendedores.

Avatar es esa representación de nuestro cliente ideal.

Tú puedes conocer quién es, cómo es, qué hace, cómo lo hace, en qué cree, cuál es su filosofía, cuáles son sus dolores o sus deseos y así poder comunicarte con él o ella más fácilmente.

Digamos que tus amigos cuando los llamaste a preguntarles qué decían de ti, te comentaban que siempre que iban a tu casa preparabas unos platos deliciosos, que la cocina es algo natural en ti, tienes una gran habilidad. Esa es tú pasión, pasas horas hablando de la cocina como Leo lo pasa hablando de tequila.

Haces tú análisis y descubres que hay un gran campo en el tema de comida vegetariana, analizas el nicho de comida vegana y decides que es un mercado con mucho potencial. Hay una tendencia grande en este momento de comida saludable, y las opciones veganas son una gran alternativa.

En tu análisis encuentras que hay una persona que tiene dolores a los cuales tú les puedes dar soluciones y decides ayudarla. Es una joven de 25 a 30 años, profesional, que vive en Ciudad de México. Está soltera pero en una relación, luego descubres que vive sola, es arquitecta, le gusta la vida saludable, ¿cómo te diste cuenta? Simple, por las fotos de su página. Lee determinadas revistas de deportes al aire libre. Escucha determinados *podcast* y ve canales como NatGeo y Discovery.

Empiezas a escuchar lo que escribe en su página, comenta en los grupos, es vegana, hace ejercicio a diario y encuentras que está ennoviada. Pero por los comentarios descubres que no sabe cocinar, que pide a gritos comida vegana rica porque no hay restaurantes veganos cerca de su oficina y a su novio le encanta la comida, pero no es vegano.

Ya has investigado todo esto de ella y decides bautizarla, la llamas Viviana Cáceres, recortas una foto de revista, y empiezas a escribir todo lo que sabes de ella.

Vivi, es vegana porque es animalista, no quiere comer animales por su filosofía y tiene ese dolor, no sabe cocinar, quiere invitar a cenar a su novio a su departamento y necesita ayuda.

Y tú tienes la solución para Viviana.

Tú tienes que saber más de Viviana que ella misma, más de sus problemas que ella misma. Con eso Vivi va a percibir que tú eres la persona que la puede ayudar.

Si conoces a fondo a tu Avatar, vas a saber cómo habla y si le hablas en su idioma con sus palabras, te va a entender. Si conoces sus dolores, sus problemas, va a sentir que estás hablando con ella.

Dime, ¿sólo habrá una Viviana en el mundo, en esas edades, profesional, vegana, con esa filosofía y ese dolor? ¡¡Miles!!

Hay miles de Vivianas que tienen el mismo problema y a las cuales tú les puedes ayudar.

¿Te gustó?

Ahora quiero que hagamos un ejercicio.

Quiero que llenes toda la información que conozcas o investigues de tu Avatar. Mira su edad, ve a una página de Internet y busca los nombres más populares del año en el que pudo haber nacido tu Avatar y escoges uno y lo bautizas. Recorta una foto de revista y lo pegas en los ejercicios.

Y a partir de ahora, le vas a hablar a esa persona, a UNA, a tu Avatar. Si haces bien tu trabajo, cuando le hables a esa única persona, le estarás hablando a miles que sentirán que les estás hablando a ellas.

Dime ahora que me conoces un poco más, quizás al empezar este libro estabas confundido, lo compraste porque sabes que la mejor manera de crear prosperidad es gracias a tu propio negocio.

Estás cansado de trabajar para un jefe, estás viendo que pasan los años, que esa experiencia que tienes puede ayudar a alguien. Quieres darles a tus hijos mejores oportunidades, quieres tener libertad, poder ir a trabajar si quieres, irte de vacaciones y saber que puedes manejar tu negocio desde cualquier parte.

O por qué no, convertir esa profesión que tienes en un negocio digital, pero te da miedo dar el paso. Has querido hacerlo pero has tenido malas experiencias, piensas que estás muy viejo o muy joven, que la tecnología te abruma...

Quizás te estoy hablando a ti y estarás pensando, cómo sabe Luis Eduardo que eso es lo que siento.

Tú tienes que conocer a tu Avatar, en los próximos capítulos conocerás el verdadero poder que encierra este conocimiento. Cada día en mi negocio, me doy cuenta de la importancia de hacer bien la tarea.

Ahora, vas a hacer la tuya.

AVATAR

Nombre:

Nº/Edad de Hijos:

Ocupación:

Edad:

Localidad:

Cargo:

Género:

. . . .

Renta anual:

Ingresos:

Estado Civil:

Nivel Educativo:

OBJETIVOS Y VALORES

Objetivos:

Valores

RETOS Y DOLORES

Retos:

Dolores:

FUENTES DE INFORMACIÓN

Libros:

Revistas:

Blog/websites:

Conferencias:

Gurús:

Otros:

OBJECCIONES Y ROLES

Posibles Objecciones:

Rol en el proceso de compra:

AVATAR

SEGMENTACIÓN	PRODUCTOS/SERVICIOS

ANTES	DESPUÉS

ANTES

Qué tiene:

Sentimiento:

Día Normal:

Estado:

Ventajas y Desventajas:

DESPUÉS

Qué tiene:

Sentimiento:

Día Normal:

Estado:

Ventajas y Desventajas:

EL DOLOR

Tu misión ahora que has desarrollado tus habilidades detectivescas, es descubrir el dolor de tu Avatar.

Qué le duele, qué no lo dejó dormir anoche, pero sobre todo cuál es su transformación, que es lo que realmente quiere lograr.

Te pongo un ejemplo, la Cámara de Comercio de tu ciudad te acaba de invitar a dar una charla en su reunión anual ante 200 empresarios.

Estás orgulloso, pero wow, nunca has dado una charla antes. Tienes una gran oportunidad pero te da miedo hablar en público.

Hablar en público es, después de la muerte, el temor más grande del ser humano así que no pudiste dormir.

Te levantas, buscas en Google cómo dar una charla ante un público y encuentras una página que te regala un reporte con 5 consejos para dar tu primera conferencia. Consejos para principiantes.

Das clic, descargas el reporte y después te llega un ofrecimiento, cómo dar conferencias y que la gente te aplauda, así nunca hayas dado una antes. Curso práctico en video de 4 lecciones que te ayudarán a dominar el arte de hablar en público.

¿Qué haces? Comprarlo, tu no quieres convertirte en conferencista internacional, no todavía, quieres dar la charla de la Cámara de Comercio y no hacer el ridículo. Tu transformación es pasar de alguien que nunca ha hablado en público a verte seguro dando tu charla, que la gente te aplauda y tu familia que va a estar ahí se sienta orgullosa, punto.

Si descubres la transformación de tu prospecto y conoces su dolor o dolores más que el mismo prospecto, te van a comprar porque como decía antes, tu prospecto percibirá que tú eres la persona apropiada para ayudarle.

Si conoces a tu prospecto, conoces sus dolores, identificas su verdadera transformación, vas a poder definir tu mensaje, construir tu solución y en especial producir resultados.

El dolor nos determina la forma de entrega, el tiempo de entrega y el precio, pero eso lo veremos cuando lleguemos al Capítulo 5 cuando hablemos de la solución.

CAPÍTULO 5

PASO #3 CÓMO ATRAER CLIENTES

Cuando tú enciendes tu máquina y accedes a Internet, con el botón de inicio se dispara la primera relación que establecemos.

Piensa que entras a una fiesta, hablas con varias chicas, conversación va y viene y una de ellas despierta tu atención, qué haces, la abordas y le dices, Hola, ¿cómo te llamas? ¿Te quisieras casar conmigo?

Creo que si ves la escena en tu cabeza puedes imaginar la cara de la chica, seguramente saldrá corriendo o quizás reirá pero no te dirá, sí.

¿Qué haces entonces? La primera venta, lograr su WhatsApp, el número del móvil.

De ahí una llamada, una invitación a cine, una comida, flores, un regalo y con el tiempo un anillo... y ¿te quieres casar conmigo?

La mayoría de negocios que no conocen las estrategias de *marketing digital* son del estilo de pedir matrimonio al primer contacto y la mayoría de las veces ¿qué ocurre? Que salen corriendo los prospectos.

Tú tienes que establecer una relación a partir del primer momento y para eso usamos el concepto de atraer con un imán de prospección, en emprenduñol lo llamamos, *Lead Magnet*, una muestra de nuestro producto que soluciona algo concreto que necesita tu prospecto.

Ya sabemos muy bien de nuestro Avatar, por ejemplo Viviana, ¿recuerdas a Vivi, del capítulo anterior? Ella no quiere convertirse en chef, lo que quiere son unos consejos para preparar platos veganos fáciles, y podemos desarrollar un *Lead Magnet* con los "5 consejos de comida vegana fácil de preparar". Viviana ve ese *Lead Magnet* y qué hace...nos deja su correo para recibirlo.

¿Qué acaba de ocurrir? Acaba de empezar una relación con Vivi, tenemos su contacto y podemos hacerle seguimiento.

Ahora quiero que imagines esta situación, entras a la tienda, vas a la isla de vinos, miras las botellas de vino, estabas interesado en comprar pero te fuiste. La tienda no sabe más de ti, te perdió.

Quizás querías comprar pero no sabías qué vino comprar,

quizás el precio estaba por encima de tu presupuesto. La tienda no supo las razones.

Veamos otra situación, entras a la tienda, vas a la isla de los vinos y hay una degustación de un vino, pruebas una copa, te parece delicioso pero no compras la botella, y te vas. ¿Qué ocurrió? Lo mismo, puede que te haya gustado pero no lo compraste.

Pero si antes de la copa de la degustación qué hubiera pasado si te piden tu correo porque están haciendo un concurso para regalarle una caja completa de ese vino a un cliente y te informarán a tu correo.

Dejas tu correo con gusto, tomas la copa, te vas, pero ya la tienda tiene algo tuyo, tu correo.

Así como la chica que conociste en la fiesta, ya la puedes invitar a cine.

A los dos días llega un correo a tu bandeja de entrada con una promoción del vino o una reunión en la tienda con quesos y vinos donde se conocerá el ganador de la caja completa, darán descuentos y venderán más vinos.

Pero lo mejor, el prospecto empieza a recibir correos, videos sobre la diferencia de los vinos, cómo escoger el vino correcto, el maridaje, etc. Ya tienes un prospecto que se "calienta" y que agradece que tú le estés dando información sobre algo que necesita.

Dime, ¿has visto muchas tiendas que lo hacen?

¿Y lo hacen los dentistas?
Cómo, ¿los dentistas lo pueden hacer? ¡¡SÍ!!

Te voy a contar la historia, conocí al doctor Burleson en un evento de *marketing*, su especialidad, ortodoncia.

¿Quién es el Avatar del doctor B? Una mamá que tiene un hijo o hija adolescente, que no está satisfecha con sus dientes porque los ve torcidos.

Nuestro Avatar, la llamaremos Paula, mamá de dos hijos, y quiere que Valentina su hija de 16 se haga un tratamiento de ortodoncia, pero no tiene ni idea del tema. ¿Cuál es el dolor de Paula? No quiere que los dientes de Valentina queden disparejos, que afecte su autoestima pero le da susto tomar una mala decisión. Valentina por su parte le dice a su mamá que no quiere estar con unos "fierros" en sus dientes, que no quiere parecer un Frankenstein, y sufrir el matoneo de sus compañeros.

Paula, entra a Internet, busca en Google y encuentra un mensaje "Descubre cómo escoger el tratamiento apropiado de ortodoncia, la verdad sobre Invisalign". Descarga el reporte gratuito.

Déjame tu nombre y correo para enviártelo. De paso habla de lo que vas a ver en el reporte y del doctor Burleson quien lo escribió.

¿Qué crees que hace Paula? Llenar sus datos, de forma inmediata recibe en su correo el reporte, descarga el PDF, lee la información, en ella aparecen los datos del doctor B.

Luego otro correo dándole la bienvenida, más información útil.

Al día siguiente más información y una invitación para agendar una cita para una evaluación gratuita y una charla de orientación, además la sala de espera tiene computadores y área de estudio para que Valentina pueda hacer su tarea.

Paula, pasa del contacto digital a agendar la cita, del teléfono a llegar al consultorio. ¿Cómo se hacen los recordatorios de la cita? Vía *e-mail* acompañados de más información útil como un video del doctor B explicando que hay tratamientos como Invisalign que no requieren los "fierros" que detesta Valentina, desde luego Paula comparte el video con la hija.

Cuando llegan, el doctor B, ya es un amigo que le ha escrito, lo han visto y Valentina lo ama, porque le tiene una solución a su problema.

Con esta estrategia Burleson convirtió su práctica en toda una cadena de consultorios.

¿Pero sólo Paula y Viviana están pensando en tener una sonrisa "perfecta"?

María Jimena está próxima a casarse y ve un aviso en Facebook "Tu mejor sonrisa el día de tu boda", clic y qué crees que encuentra, "Descubre cómo escoger el tratamiento apropiado de ortodoncia antes de tu boda". Descarga el reporte gratuito.

Déjame tu nombre y correo para enviártelo.

El mismo *Lead Magnet* con una ligera variación en el texto.

Y Pedro que pasa los 65 años y sus dientes están desgastados, recibe el mismo mensaje.

Es el mismo producto, diferentes aproximaciones pensando en el dolor del Avatar, mismo objetivo, establecer una relación inicial.

CÓMO DISEÑAR TU *LEAD MAGNET*

Recuerda que el *Lead Magnet* es un trocito de solución, como la copa de vino. Ahora cuando tu das esa copa de vino, ¿cómo la estás regalando, qué tipo de vino das?

¿El que tienes avinagrado? ¿El que quedó de la fiesta? O el mejor vino, el que vas a vender.

Tu trocito de solución debe ser la mejor, la que el prospecto diga, "si esto es lo gratis, cómo será lo pago".

No temas dar gratis lo mejor, no darás todo, una parte que genere resultados en tu prospecto, ¿todos los resultados? No, pero algo práctico de aplicabilidad inmediata.

La razón por la que tienes que tener un *Lead Magnet* no sólo es la de atraer a tu prospecto, es estar por encima de tus competidores, ser proactivo, generar conocimiento de tu marca o de tu solución en el mercado, posicionamiento y establecer relaciones con personas que no te conocen y que ahora o más adelante te van a comprar.

Muchas veces la gente no te compra, pero se registra en tu lista de suscriptores, vas ganando confianza y unos meses, unos años más tarde se convertirán en clientes.

La otra razón poderosa es segmentar tu audiencia. Gracias a un *Lead Magnet* puedes atraer a personas que tienen el problema, el dolor y a la vez, rechazar a las que no. Es un filtro y ese prospecto que ya lo pasó tiene más posibilidades de comprar.

Tu *Lead Magnet* debe:

Tener una promesa específica.

O dar un ejemplo específico.

Usualmente la mejor manera es con un caso de estudio.

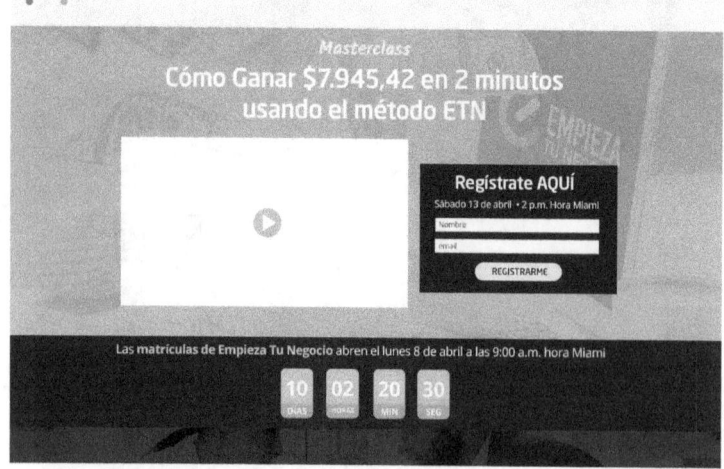

También puede ser dar un descuento específico, como el de nuestra alumna Elisa Escobar, que ofrece un cupón de descuento para compras en su joyería, pero para redimirlo el prospecto debe dejar el correo.

Recuerda que nadie nos va a dar su correo a cambio de algo que no le interese o genere la necesidad de tenerlo. Es la primera relación y por ser gratis no quiere decir que sea fácil.

No pretendas que te den sus datos sólo porque tú les vas a enviar un boletín electrónico, eso ya no funciona, o para recibir correos de información, menos aún, o para ser parte de nuestra comunidad.

La gente se ha vuelto exigente porque compara, así que debes dar valor útil y fácil de consumir.

Si yo te digo: descarga gratis mi libro 1.001 consejos para ser más productivo, no es tan poderoso como 3 consejos fáciles para ser más productivo. La razón: 1.001 consejos son 998 veces más difíciles de realizar que 3.

Tu prospecto debe ver que lo que recibe es fácil de consumir, pero de alto valor. Un reporte, un audio, un listado, una infografía, tienen valor y funcionan muy bien.

Un *webinar* gratuito es de altísimo valor, pero el prospecto tiene que pagar con su tiempo el hecho de verlo. Un mini curso en video igual. La ventaja es que la persona que lo descargue y vea este tipo de *Lead Magnet* está más calificada y si llega al final, altamente calificada.

CÓMO PUEDES PRODUCIR UN *LEAD MAGNET*

Un listado que realizas en Word, por ejemplo, convertido en PDF, una plantilla de Excel, una infografía, un audio son muy sencillos de producir. Recuerda, deben solucionar un dolor específico del prospecto.

Quizás estos son los *Lead Magnet* más sencillos de realizar y no hace falta nada tecnológico para hacerlo.

Cuando tengas más experiencia, pensarás en videos, *webinars* y procesos de lanzamiento.

LA PÁGINA DE ATERRIZAJE

Tu *Lead Magnet* es la "copa de vino" pero tú necesitas venderla. Y para hacerlo necesitas una página donde tengas un texto persuasivo para lograrlo.

La escritura de textos persuasivos es la clave de la publicidad, para hablar de este tema tendríamos que remontarnos a Madison Avenue, la famosa calle de Nueva York, sede de las más importantes agencias de publicidad de los años 50, personajes como David Ogilvy y Rosser Reeves, revivido en la serie Mad Man en el personaje de Don Draper, construyeron el mensaje publicitario y convirtieron el oficio del *copywriter*, otra de las palabras de emprenduñol, o redactor de textos, en el genio de los negocios.

Todo en la publicidad es *copy*, es redacción publicitaria, vender con palabras.

El mensaje era fundamental a la hora de convencer a los clientes potenciales y Reeves agregó que ese mensaje debía contener un beneficio.

Así nació otro concepto poderoso, la Proposición Única de Ventas o P.U.V., en inglés *Unique Selling Proposition, U.S.P.*

Lo que vendamos debe tener una razón que hace único a nuestro producto o servicio frente al prospecto.

De *copy* se ha escrito mucho y saber escribir para vender es un arte, muy bien pago entre otras, en especial en el mercado americano. Grandes leyendas como Gary Halbert, Robert Collier, Dan Kennedy, Michael Masterson, Joe Vitale, Joe Caples, John Carlton, Joe Sugerman, tienen excelentes libros que recomiendo leer porque es quizás la habilidad más importante que debes desarrollar en tu negocio. No ahora cuando empiezas, pero irás viendo la necesidad cuando avances.

El principio de la redacción persuasiva viene de 4 letras, un nombre de mujer, AIDA. Ese nombre lo recordarás siempre en tu negocio, este concepto nació a finales del siglo 19 de la mano de E. St. Elmo Lewis, un publicista americano, pionero de las ventas que describió este modelo que dio origen a otra de las herramientas más poderosas del *marketing*, los embudos, pero de ellos hablaremos más adelante.

El modelo AIDA es el acrónimo de Atención, Interés, Deseo y Acción. Lo usaremos a lo largo de nuestras piezas promocionales y será clave en la construcción de nuestra página de aterrizaje o *Landing Page*, otros términos de emprenduñol que son claves en este proceso.

Muchas personas creen que un negocio en Internet es tener una página web o un sitio web y se equivocan, ese no es un negocio *online*. Un sitio web es la mayoría de las veces un catálogo, un folleto virtual de nuestra empresa. Es como la tienda donde fuimos a comprar lo vinos. La gente entra visita y si no tenemos un sistema de captación, se va y nunca sabremos que vino y qué le interesaba.

Tampoco es un *blog*, aunque es muy importante tenerlo en tu proceso de nutrición y credibilidad.

Tu negocio parte de una página de aterrizaje que "vende" el primer contacto con tu prospecto, tu *Lead Magnet*.

Tu primera venta la paga el prospecto con sus datos, en especial el correo electrónico.

Y esa página de aterrizaje debe contener:

ATRAER: Un titular poderoso que usualmente ataque el dolor del cliente y genere curiosidad o interés en descargar lo que ofreces.

INTERÉS: Ese titular puede venir acompañado de un antetítulo que ayuda a segmentar o crear urgencia.

Y/o un subtítulo que completa la idea y genera interés.

Ejemplo:

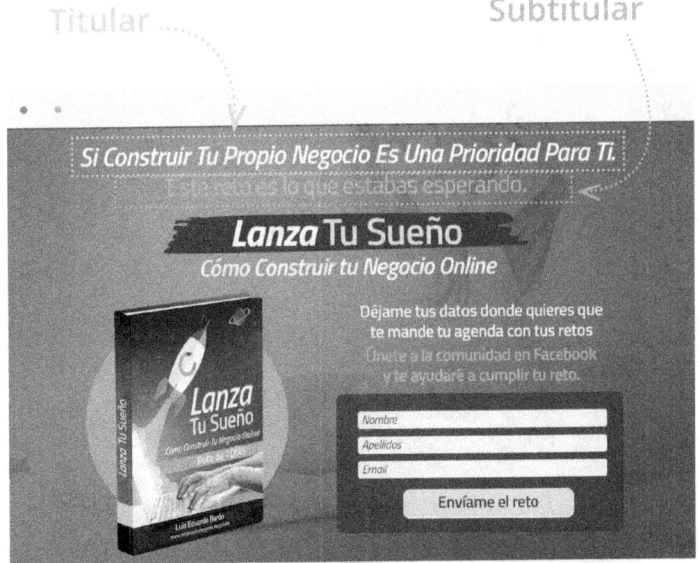

DESEO: La representación gráfica del *Lead Magnet*, viñetas que hablan del dolor que resuelves en el mismo.

Ejemplo:

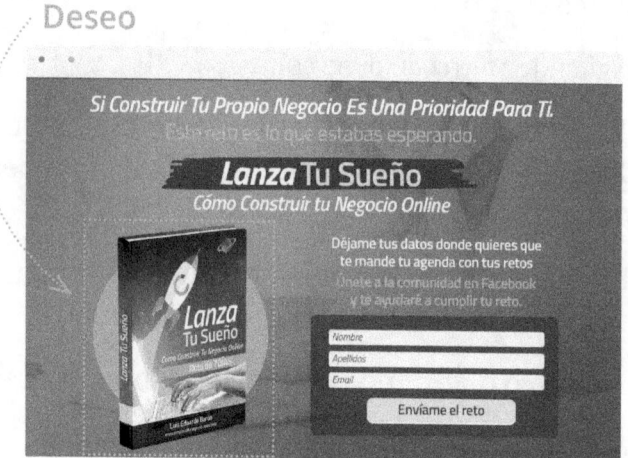

ACCIÓN: Un llamado a la acción concreto para que la gente descargue el *Lead Magnet*.

Ejemplo:

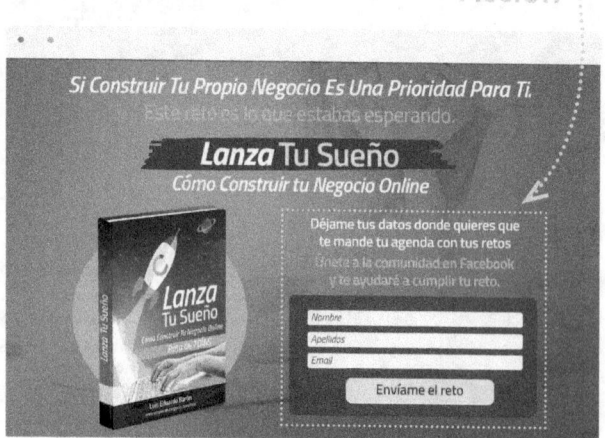

Debes ser claro con tu llamado a la acción. Déjame tu nombre y correo para enviarte el reporte gratuito.

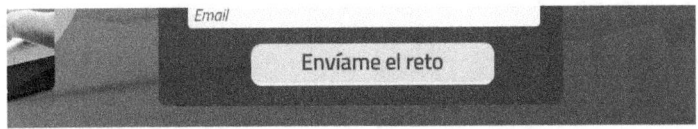

Y el botón de llamado a la acción: Sí quiero el reporte o Haz clic para enviarte el reporte. Clic >>Aquí para descargar.

El objetivo es que nuestro prospecto nos deje su información, en especial su correo.

Siguiendo este proceso, llegas a la siguiente propiedad, quizás la más valiosa en términos "inmobiliarios", la página de gracias o página de agradecimiento.

Todos llegarán a esa página con ansias para descargar o ver las instrucciones y obtener lo que buscaban.

Esta página es muy poderosa porque puedes construir autoridad, presentarte, llevar a tus demás propiedades virtuales -los "reinos"- como los llamo yo en el siguiente capítulo del libro.

También podrás usar estrategias para captar la información y después desarrollar una campaña de tráfico para atraer a otras personas similares.

Si tu prospecto llegó a tu página de gracias, ya levantó la mano.

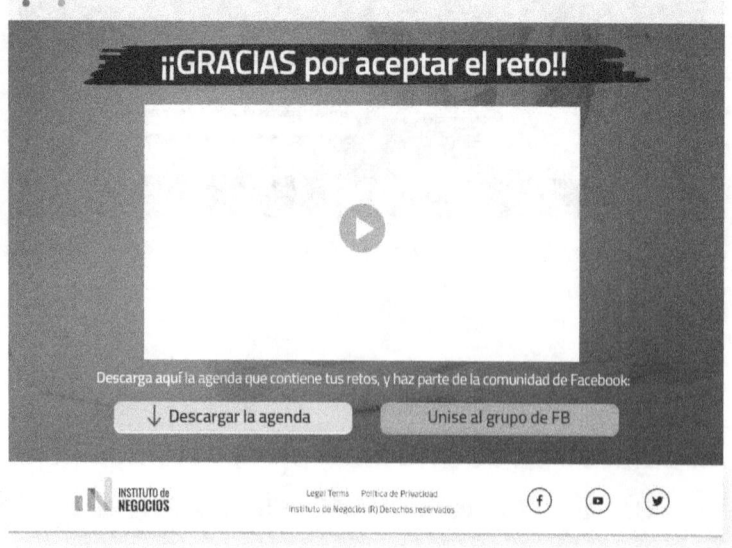

En el curso "Empieza Tu Negocio" explico al detalle otras estrategias avanzadas que puedes usar en tu página de gracias para iniciar un proceso de ventas.

Usualmente revisamos con los alumnos su página y su *Lead Magnet* porque este es el inicio de tu máquina.

EL ACTIVO MÁS VALIOSO DE TU NEGOCIO, LA LISTA

Te estarás preguntando en este momento pero ¿para qué le pedimos a la gente su correo? La respuesta es sencilla, para poder comunicarte con ellos, la verdadera respuesta, para construir tu lista de prospectos.

Recuerdo que en 2012 mi esposa llegó y me comentó que teníamos que hacer un pago de 8.000 dólares para la matrícula de mi hija en su universidad. Ella pensaba realizar su estudio fuera de la universidad durante ese semestre en un programa de Arquitectura en Asia y se requería un pago extra.

En ese momento ya conocía el poder de los negocios en línea. No tenía tiempo para crear un producto de alto precio y hacer un lanzamiento, así que escribí algunos conceptos que me estaban dando resultado, hice una presentación en *PowerPoint* y grabé un *webinar* que convertí en un producto de bajo precio, "Véndete Tu Mismo".

Simplemente escribí una serie de correos, recuerdo que uno de ellos decía: "El secreto revelado que usa Shakira y puedes usar tú".

Dejé programados los correos y salí de viaje. Al llegar a mi destino ya tenía alrededor de 40 ventas del producto de $47 dólares. Una semana después había pagado la casi totalidad de la matrícula. Ese producto sólo lo hice con ese fin y nunca más lo volví a promocionar, ese fue su único objetivo y esa táctica la he realizado en otras ocasiones.

¿Cómo lo hice? Envié un correo a mi lista, que no era tan grande en ese momento, ni era tan conocido como ahora, pero que si tenía un gran contacto con ella.

Usé un *copy* persuasivo y una oferta poderosa con una escasez real, "nunca lo volveré a vender". Y no lo hice.

La clave, la lista. Este tipo de historias las he escuchado miles de veces, tenía que pagar el estudio de mis hijos, la casa, los impuestos, recuperarme del divorcio y envié un correo a mi lista y ¡¡¡pum!!! Las ventas empezaron a entrar.

Tu lista es el activo más valioso, si a mí me dijeran en este momento, te vamos a quitar TODO lo que tienes, absolutamente todo menos una cosa que tu pidas, escogería mi lista de suscriptores y si le hicieras la pregunta a la mayoría de mis colegas, el 80 por ciento diría lo mismo.

Cuando tu atraes a un segmento calificado ese contacto queda registrado en un Autorrespondedor, un gestor de correos que usas para tal efecto. Estos servicios por lo general pagos, cumplen las normas que los proveedores de servicios de correo como Gmail, Outlook, AOL, etc., tienen como normas legales de privacidad, etc.

Estos servicios de autorrespondedor, envían de forma masiva los correos a estos proveedores "filtrando" los correos que no cumplen las normas y facilitan que lleguen a la bandeja de entrada de tu prospecto.

¿Por qué no hacerlo directamente desde Gmail u Outlook entonces? Porque cuando tienes volumen, estas empresas no te dejan hacerlo, tú no tienes control de los envíos, no sabes quién los abre o no, organizarlos es más difícil y no cumples las normas como dejar un enlace para darse de baja de la lista si tu usuario lo desea.

Por eso una vez que tu prospecto deja el correo, se produce la magia, esos datos son almacenados en tu autorrespondedor y puedes crear listas o etiquetas que te permitan clasificarlo. Por ejemplo, lista del *Lead Magnet* x, y o z. Cliente, prospecto interesado, tema a, b, o c.

Y además puedes saber quién te abre, quién no, quien hace clic en un enlace, etc.

Sin un autorrespondedor el manejo de tu lista se dificulta, pero si quieres tener un negocio en Internet, es indispensable tener uno. Al final del libro te voy a dejar una lista de recursos, sólo te escribiré los que yo uso o he usado, nunca recomiendo algo que no haya experimentado o no hayan hecho nuestros alumnos en el Instituto de Negocios.

Volveremos al autorrespondedor cuando hablemos del *e-mail marketing* en el Capítulo 8, quizás uno de los más interesantes del libro, ahí nos reencontraremos con nuestra amiga AIDA.

Tu misión en este momento es diseñar tu página de aterrizaje y crear tu *Lead Magnet*.

EL ANZUELO PERFECTO

Perry Belcher es una de las personas más brillantes que he conocido en este negocio. Belcher, un extraordinario *copywriter*, ha escrito libros desde cómo comenzar un negocio de carritos de perros calientes, importar productos de China hasta cartas de ventas y correos que han vendido millones de dólares.

Pero su historia es más curiosa, él es uno de los coinventores del líquido limpiador de manos o *Hand Sanitaizer*. Un día Perry decidió entrar en la venta de productos en Amazon, así que compró en China los pabilos de cera para las velas y venderlos en paquetes de 100 a 99 centavos. El costo en China era de 99 centavos con el flete, así que el "brillante" negocio de Belcher no suena muy lucrativo.

Su principal competidor vendía los pabilos a $4.95, así que una persona que estaba interesada en comprarlos para fabricar velas, no tenía ninguna duda en comprárselos a Perry.

Pero qué ocurría, Perry Belcher no estaba vendiendo pabilos, estaba comprando clientes por menos de $1 dólar, la ganancia no estaba en la venta de pabilos.

Los clientes, ya no prospectos, habían levantado la mano, sacado su tarjeta de crédito y comprado algo inicial...pero ¿qué necesita una persona que compra pabilos? Cera, los frascos, los tintes, decoraciones, etc., etc., los insumos para personas que tienen como *hobby* o negocio fabricar velas.

Así que una vez que alguien compraba los pabilos, Perry les ofrecía la gama de productos. Había creado sin costo, una lista de compradores, mucho más poderosa que una de suscriptores.

Total, un año después su competidor, una adorable mujer que llevaba años en el negocio lo llamó para decirle que abandonaba el mismo porque no podía competir con él. La lección, la adorable mujer, no sabía del poder del *marketing digital*.

Ese concepto se bautizó con otra palabra en emprenduñol, *Tripwire*, y no tiene traducción al español, pero significa un producto con un precio que no ofrezca resistencia, que resuelve un dolor que tiene nuestro prospecto con el único propósito de convertirlo en cliente.

Belcher lo ha repetido con éxito vendiendo cuchillos del tamaño de una tarjeta de crédito por sólo el costo de envío, para vender después productos en el nicho de supervivencia. Brochas para maquillaje a un dólar para vender productos de belleza, mancuernas o gemelos, para vender camisas francesas, vestidos y accesorios y desde luego productos digitales.

En otras palabras un *Tripwire* es un *Lead Magnet* de pago, puede trabajar en compañía con un *Lead Magnet* o solo y como el *Lead Magnet* es el inicio de un proceso de ventas, la gran ventaja es que el prospecto ya pagó y si lo hizo ya demostró su interés.

Es como el ejemplo de la chica, conversas con ella y al final te despides con un beso en la boca y le pides su teléfono, primera venta, si no hay cachetada, hay interés.

Te muestro cómo usamos este concepto en uno de mis productos.

El objetivo es vender "Dobla Tu Productividad", un curso de $97 dólares, el *Tripwire* es un curso de menor valor sobre "La Técnica Pomodoro", este video explica cómo usar esta técnica de productividad inventada por Francesco Cirilo para trabajar en bloques de tiempo, su costo es de sólo $7 dólares.

Así que la gente entra, descarga un *Lead Magnet*, se le ofrece "La Técnica Pomodoro" por $7, se le envían 3 videos sobre productividad y luego una oferta para comprar el curso de $97, ¿te gusta?

Curioso a interesado, interesado a cliente, cliente a cliente que compra un producto de mayor precio.

¿Te Imaginas si pudieras hacer **el doble de cosas en la mitad de tiempo** o menos?

y todo gracias a un **TOMATE**

Descubre la nueva técnica para el manejo del tiempo revelada

Esta nueva técnica está causando sensación entre estudiantes, ejecutivos, amas de casa y, en general, entre personas que no tienen hábitos claros para poder realizar actividades que requieren concentración.

Hola mi nombre es Luis Eduardo Barón, director del Instituto de Negocios de Florida, y quiero ayudarte a ser una persona más productiva

En este video curso descubrirás

✓ Cómo manejar tu tiempo en bloques
✓ Cómo mejorar tu concentración
✓ Cómo escribir más en menos tiempo
✓ Cómo cumplir con tus actividades menos de la mitad del tiempo

Te presentamos ...

LA TÉCNICA
POMODORO

La manera más sencilla y efectiva para cumplir con tus actividades, concentrarte y volverte una SÚPER máquina de productividad.

La "receta" del Tomate que puede cambiar tu vida

COMPRAR AHORA POR SOLO 7$

Hemos llegado al final de la primera parte, la CONCEP-CIÓN, yo digo que cuando estás en este punto es cuando ves la ecografía de tu bebé, ya estás poniéndole cara a tu negocio.

Creaste la estrategia, te pusiste tus metas, definiste tu idea, identificaste a tu cliente y construiste el primer paso de la máquina, atraer al prospecto correcto.

Vamos por buen camino, recuerda que estas estrategias de *marketing digital* sirven para cualquier tipo de negocio, y que solo si rompes las barreras de la pobreza podrás construir tu prosperidad.

Quiero que pares, analices estas páginas y cierres los ojos e imagines tener tu propio negocio en Internet y digas:

¡¡YO SOY UN EMPRENDEDOR IMPARABLE!!

PARTE 2

LA CREACIÓN

CAPÍTULO 6

PASO #4 NUTRIR

Comienza la segunda etapa del método, yo digo que es la más divertida de todas porque involucra el proceso creativo. Esta fase es la que nos lleva a concretar todas las ideas de la primera y hacerlas realidad en nuestro negocio. A partir de este proceso ya puedes decir que tienes un negocio *online* en la mayoría de los casos o puedes haber convertido el que tienes adaptando una nueva forma de hacer *marketing*.

A propósito, muchas personas me han preguntado y ¿qué pasa con el *marketing tradicional*, seguirá funcionando? Realmente *marketing* es uno solo, lo que han cambiado son los vehículos de entrega, pero los principios son iguales.

El *marketing digital* tiene su propio lenguaje, herramientas, plataformas y ha enriquecido la forma como trabajábamos antes, pero sus principios no son nuevos, incluso muchos de ellos llevan más de un siglo aplicándose.

Han cambiado, sí, pero son los mismos.

LA MAGIA DEL CONTENIDO

Mi esposa dice que nuestros clientes son como un jardín de flores que hay que regarlos todos los días para que florezcan y la mejor manera de hacerlo es nutriendo a ese prospecto que aún no nos ha comprado porque quizás no sabía de nosotros, no era consciente del problema o no era el momento para comprar.

Cuando lo nutrimos vamos a seguir elevando nuestra credibilidad y cuando lo hacemos, elevamos la confianza. Vamos respondiendo dudas y creándolas.

Y así en ese proceso preparamos al prospecto para dar el siguiente paso… ¿Quieres casarte conmigo?

Y si ya nos compró, seguimos nutriéndolo, enamorándolo para realizar ventas mayores, para hacerlo parte de la "tribu" para convertirlo en nuestro promotor.

Y la mejor manera de hacerlo es a través del contenido.

El 28 de diciembre de 1895 en un salón del Boulevard des Capucines de París, los hermanos Louis y Auguste Lumière realizaron la primera proyección de pago con imágenes en movimiento que salían de un proyector llamado cinematógrafo.

Diez películas cortas de menos de un minuto fueron presentadas ese día como antesala a una de las industrias más grandes del entretenimiento.

Ese día algunos escritores pronosticaron el final del libro, en especial el de las novelas.

Con el paso de los años muchos libros han sido llevados al cine y por el contrario, cada obra que pasa a la gran pantalla aumenta sus ventas considerablemente.

En 1935 comienza en Alemania el primer servicio de televisión y un año más tarde en Inglaterra el primer canal con programación. La sentencia de muerte del cine acababa de dictarse, los vaticinadores de oficio auguraban la pronta caída de la naciente industria del celuloide.

Lo mismo había pasado con la radio cuando apareció, se pensaba que acabaría con los periódicos. Incluso en países como Colombia, por ley una emisora de radio no podía divulgar una noticia hasta que no apareciera publicada por un medio impreso, para protegerlo de la debacle anunciada.

Y de la radio se dijo lo mismo cuando apareció la televisión y de la televisión cuando empezó el cable y del cable cuando aparecieron los servicios bajo demanda y de estos cuando apareció el *Streaming*.

La gran mayoría subsisten, otros se han reconvertido, se han fortalecido, incluso ahora son conglomerados los que poseen varias plataformas de transmisión. La razón, lo importante no es el medio, lo importante es el contenido.

No importa si tú escuchas la noticia en la radio, la ves en la televisión o lees de ella en la prensa, lo importante es la noticia y cada medio tiene un lenguaje diferente y una finalidad diferente, incluso audiencias diferentes.

Antes estábamos regidos por un mundo *offline* donde las cosas transcurrían secuencialmente, si quieres ver las noticias tienes que esperar a las 7 de la noche. Luego vino el cable y llevó la inmediatez que tenía la radio y especializó el contenido como lo habían hecho las revistas un siglo antes. Ahora el mundo es *online*, fuera de secuencia, simplemente decidimos qué queremos ver y lo vemos cuando queremos hacerlo. No estamos sujetos a horarios.

Los servicios OTT (Over The Top), como Netflix, Disney Plus, Hulu, llegaron para quedarse.

Lo que no sabías es que tú puedes convertirte en un servicio OTT de tu tema en particular, en otras palabras puedes ser el Netflix de tu industria.

EL CONTENIDO ES EL REY

Y como todo rey, el contenido tiene sus reinos.

Cuando trabajaba en televisión me tocó la transición de análogo a digital, incluso de blanco y negro a color unos años antes. Pero lo que siempre permanecía era el contenido, con cada cambio, con cada nueva tecnología, la industria crecía.

Un estudio de cine como Disney, por ejemplo, produce alrededor de 10 películas al año, sólo con su marca Disney sin contar otros estudios que posee la compañía.

Pero no sólo hay estudios grandes como Universal, Warner, Fox, hay empresas independientes y productoras dedicadas a realizar películas de bajo costo llamadas MOW (Movie of the Week) la película de la semana.

Cuando una película sale al mercado sigue este recorrido:

La primera venta es el cine (teatros), nacional y luego el recaudo internacional.

Luego viene la venta a sistemas *Streaming*, Bajo demanda, *Premium*.

Luego para *Home video* (si, aún existe) DVD, *BlueRay*.

Luego la misma película pasa a cable.

Luego a televisión.

Luego al *Syndication*, que son los canales independientes que no pertenecen necesariamente a las grandes cadenas.

Luego repeticiones.

Y recientemente, Internet, ya Facebook paga por adquirir transmisiones exclusivas en su plataforma.

Es decir, que una película tiene muchas ventanas de aparición y cada ventana es un negocio aparte. Por eso es una industria que mueve millones de dólares, porque incluso las películas más malas hacen todo el recorrido y se siguen viendo año tras año.

Las empresas se han dado cuenta, que entre más contenido produzcan, más posibilidades tienen de surtir a estas plataformas ávidas de material.

Hay miles de canales de televisión y todos tienen al menos 12 horas de emisión diaria, que requieren contenido.

Y lo mismo ocurre en la prensa y en la radio.

En febrero de 2005 un grupo de excompañeros que trabajaban en PayPal, Chad Hurley, Steven Chen y Jawed Karim, fundaron YouTube, el servicio de videos que fue adquirido por Google un año y medio más tarde por $1.65 billones de dólares.

La razón, Google veía que el futuro de las búsquedas era a través de videos y acertó, hoy en día YouTube es el segundo buscador más usado en el mundo occidental detrás de Google.

Las personas se habían habituado a consumir contenido audiovisual, pero en las opciones de televisión abierta y paga no

encontraban la información que estaban buscando y por otra parte, el acceso a los canales comerciales era impensable y no sentían que se pudieran expresar en ellos.

YouTube llegó a suplir esa necesidad, contenidos variados, de corta duración, realizados por personas de carne y hueso como el usuario.

Hoy en día YouTube se ha convertido en uno de los canales de televisión más vistos en el mundo. Sí, de televisión porque eso es lo que es, compite con los canales locales y posee una videoteca de contenido más grande que todas las horas producidas por las 3 cadenas americanas juntas.

Se suben a la plataforma 300 horas de videos por minuto.

¿Por qué te hago esta introducción?

Porque cada uno de nosotros es un canal de televisión.

Gracias a la democratización de los medios, los nuevos periódicos son los Blogs, las nuevas revistas son Facebook e Instagram, la nueva radio son los Podcast, la nueva televisión es YouTube.

Nos hemos convertido en conglomerados de medios, tan poderosos como los tradicionales, con una ventaja, realizados por personas de carne y hueso como tú y como yo, con problemas reales y conocimiento especializado.

Tenemos esa posibilidad de llevar nuestro mensaje a nuestro prospecto y lo mejor, la mayoría de estas plataformas son gratuitas.

Así que no hay excusa, tú puedes construir una máquina de contenido y apalancarte en las redes sociales para nutrir masivamente a tus clientes.

¿Y qué red uso?

Si en tu investigación te has dado cuenta de que tu cliente usa permanentemente Facebook, ¿dónde estarías?

Piensa que eres un vendedor y estás buscando desesperadamente a un prospecto y te dicen que frecuenta determinado restaurante.

¿Qué harías?

Te pasarías con frecuencia por el restaurante, dejarías publicidad, te anunciarías en el menú, colocarías publicidad en sitios cercanos al restaurante, cosa que si tu prospecto va a ese sitio, esté expuesto a tu mensaje.

Qué ocurre, el común de la gente decide la red social que quiere trabajar por la popularidad de la misma o la novedad. Acaba de salir una red social que está buenísima, se llama InstaBook, hay que publicar en InstaBook, y otra que se llama Snapgram, hay que estar en Snapgram, ¿pero realmente está tu prospecto en esa red?

Tú debes estar en la red o redes que tu cliente visita la mayoría del tiempo y moverte con él cuando lo haga. No puedes desperdiciar tu tiempo y esfuerzo desarrollando una red que no te va a servir, por lo menos por ahora.

LOS REINOS

Como buen rey, el contenido tiene sus reinos.

En la edad media los reyes salían a conquistar territorios y luchaban contra otros reinos en batallas encarnizadas, un soberano que se respetara tenía su ejército pero nunca luchaba en dos frentes al mismo tiempo.

Siempre llegaba, dominaba un reino, se fortalecía y pasaba al siguiente. ¿La razón? La mayoría de estos gobernantes sabían que era más factible ganar una guerra si contaban con todo su ejército.

Abrir nuevos flancos de batalla los debilitaba e impedía la expansión.

Así es para nosotros, el contenido tiene varios reinos, YouTube, Facebook, Instagram, Pinterest, Blog, Podcast, etc. Dominarlos todos es lo ideal recuerda, siempre y cuando nuestro prospecto esté allí, pero lo inteligente es desarrollar uno, fortalecerte, dominarlo y pasar al siguiente. En ese momento será más fácil porque ya tienes un reino para apoyarte.

Era igual en la edad media, una vez se tomaba un reino, se crecía con las armas y los soldados capturados pasaban ahora a ser de su propio ejército y con una nueva posición de privilegio que ayudaba a expandir su frontera.

Si no tienes suficiente "ejército" y presupuesto, empieza por uno y sigues hasta dominar la mayoría.

Cuando te fortalezcas en los sitios donde está tu Avatar, sales

www.prohibidoserpobre.com   129

a buscar avatares que pueden estar en otros reinos, nuevos prospectos.

En mi caso, escuchando a mis alumnos, encontré que la red social donde está mi Avatar principalmente es YouTube y nos dedicamos a dominarla.

Sobrepasamos los 100.000 suscriptores y publicamos contenido casi a diario. Un programa semanal los lunes a las 3 de la tarde, "Negocios Sobre Ruedas", una serie por temporadas, "Dime Luis", donde respondo preguntas.

Series como "Historias de Emprendedores", el *reality* "La Nueva Estrella de Internet", y muy pronto nuevos programas.

Una vez comenzamos trabajamos paralelamente Facebook, con una comunidad de un millón de seguidores en nuestra Página Fan. Luego el Blog, ahora comenzamos Instagram y el Podcast y cada vez es más fácil.

El objetivo, ir dominando las plataformas para llevar el mensaje, paso a paso, pero recuerda que las guerras en la edad media no eran de meses, eran de años.

Tenemos que conformar el ejército y tener los recursos para crecer, si nos esparcimos corremos el riesgo de descuidar lo que tenemos y hacer un mal trabajo en la nueva red que tratamos alcanzar.

Es parte de la estrategia.

Webinar   Presencial

Podcast   Blog

Instagram   Email

REINOS DEL CONTENIDO

Twitter   Youtube

Facebook

CÓMO GENERAR CONTENIDO

El primer paso es saber de qué vas a hablar y la mejor manera de saberlo es preguntando a tus clientes y seguidores.

✓ Haz una encuesta.

✓ Abre la oportunidad de responder preguntas.

✓ Mira en tu correo de soporte qué dicen tus prospectos.

✓ Analiza los dolores de tu Avatar, investiga cómo los expresa.

✓ Espía a tus competidores.

Haces una lista de los interrogantes y comienzas a responderlos uno por uno en tus reinos.

> **Recuerda, cada reino es diferente, el lenguaje es diferente, pero nadie te dice que un mensaje no pueda repetirse en otro reino.**

Hay gente que visita tu Página Fan pero no tu canal de YouTube.

Hay gente que prefiere escuchar un Podcast que ver un video.

Así que aquí viene la magia de la generación de contenido.

Cuando trabajaba en televisión tuve que realizar muchas transmisiones vía satélite. Tenía que reservar el satélite, contratar el equipo que llegaba en un vehículo con una antena telescópica para subir la señal al satélite o una para enviar vía microondas (no los de la casa) la señal a la estación terrestre para que la subiera y se emitiera por uno de los *transponder* (canales) del satélite. Operación costosa y compleja.

Hoy en día saco mi teléfono móvil, abro la aplicación y en segundos estoy conectado con personas en todas partes del mundo, además las puedo traer a la transmisión, no sólo ver sus preguntas sino que pueden estar conmigo en cámara, a costo cero.

Algo inimaginable hace unas décadas.

Hoy en día tú eres el medio.

Así que te voy a revelar uno de mis secretos que sólo les he enseñados a mis alumnos.

EL PODER DE LA "CLONACIÓN DE CONTENIDO"

Yo pido a soporte que me envíe la lista de preguntas que hacen las personas en las redes sociales. Convoco a un Facebook Live, transmito una hora durante 5 días, respondo 6 preguntas cada día.

Durante la transmisión les digo a las personas que estoy grabando cada pregunta y respuesta, así que saludo, paro, respondo, sigo saludando y así sucesivamente. Les pido que dejen sus preguntas para responderlas durante la semana y así al final de la misma tengo 30 preguntas grabadas, más las 5 horas de transmisión.

Terminado cada día se envía el archivo al editor de videos y él genera 7 videos en formato YouTube con las respuestas, 7 videos para Facebook y 7 videos para Instagram TV.

Además hace unos clips de cada video para Instagram.

Se transcribe a texto, pregunta y respuesta y se envía a la persona encargada del blog que lo publica y acompaña el video.

De las respuestas se crea una imagen con un texto impactante para publicar en Facebook y otra en Instagram.

Cada 101 preguntas se crea un PDF para publicar en Amazon a la venta por 99 centavos, para atraer a nuevos prospectos.

Y tenemos un nuevo proyecto, ya se están clasificando las respuestas para iniciar un Podcast con las mismas.

5 horas de trabajo al mes de mi parte, 95 videos, 30 post, 30 artículos, un libro y pronto 4 capítulos semanales de un Podcast.

Todo lo que tengo que hacer es prender mi cámara y responder 30 preguntas.

¿No crees que es bastante contenido?

Los que te vieron en YouTube no te van a ver en Facebook. Es posible, pero son audiencias diferentes. Los que me vieron una hora en Facebook Live, no son los mismos que ven el video de 3 minutos o quizás vieron el video de una hora pero no recuerdan la respuesta que se dio. Los de Instagram pueden ser diferentes y los del Podcast también.

Lo importante es que sólo invertí 5 horas de mi tiempo y mi equipo clonó el material.

> Contenido masivo que me permite nutrir con información de valor a mi cliente.

¿Es contenido de valor responder interrogantes? Desde luego.

Adicional hay contenido exclusivo, videos que sólo salen en YouTube, un Podcast nuevo, post y artículos sólo para Facebook o Instagram, pero esa presencia ha hecho que yo haya podido crecer con mi negocio.

Generar contenido es la base para poder escalar tu emprendimiento.

Quizás al comienzo sólo publicas un video o pones un post, pero cuando tú empiezas no se para jamás.

Si publicas semanal, tienes que hacerlo semanal.

Ponle una cita a tu audiencia, por ejemplo, **Negocios Sobre Ruedas** es siempre a las 3 de la tarde hora Este. Como cualquier programa de televisión es a la misma hora cada semana para crear hábito, ¿lo ve todo el mundo a las 3 de la tarde? No. Pero saben que hay un video semanal.

Los otros programas son de temporada, pero como en la TV, tú puedes repetir una temporada en Facebook o Instagram en otro horario.

El método está hecho para que tú puedas comenzar tu negocio sin contenido, pero si lo apalancas con el mismo, las cosas serán más fáciles y lo mejor, crecerás más rápido.

Hablando de rápido, no creas que subes un video y todo el mundo lo va a ver, recuerda, suben 300 horas de video por minuto. La gente tiene opciones, pero si tú haces bien tu trabajo la gente que a ti te interesa, tu Avatar, lo va a ver tarde o temprano y tus visualizaciones empiezan a subir.

Yo tengo videos de hace 6 años que la gente está viendo hasta ahora.

¿Cuántas visualizaciones es lo óptimo?

Un video de gatitos puede tener millones, pero tú no compites con gatitos, si tu nicho es la industria inmobiliaria y subes un video hablando de casas en Sarasota y lo ven 100 personas, es más poderoso que el video de gatitos de un millón.

La razón es que el ve un video de casas en Sarasota, quiere

comprar casas en Sarasota, es tu prospecto perfecto.

Anoche recibí un comentario de uno de los videos de YouTube (los leo todos) y una persona me decía, "*qué youtuber tan raro*", le respondí, gracias por lo de *youtuber*.

Con 110.000 suscriptores soy un *youtuber* de negocios, eso es como llenar a reventar el estadio Santiago Bernabéu y que la gente se quede afuera.

Comparado con "Hola Soy Germán" un canal que tiene 40 millones, no soy nada, pero para el tema de negocios soy un "Germán" un *youtuber*.

En Facebook tenemos un millón de seguidores, eso es más que la población de Santo Domingo, la capital de la República Dominicana.

Cuando empecé no me hubiera imaginado eso, empecé con 1 suscriptor, 1 seguidor, pero cada día esas personas le comentan a otras y el efecto "bola de nieve" aparece.

Tu puedes ser *youtuber* en tu nicho con 5.000 suscriptores porque son 5.000 personas interesadas en un tema específico, pero para poderlo hacer debes empezar con el primero.

La pobreza mental nos lleva a pensar, eso es muy difícil, no tengo un equipo para hacerlo, de qué hablo, etc., etc. Y la pobreza de espíritu a resistirnos a actuar.

No necesitas un equipo sofisticado, seguramente tienes un teléfono móvil, esa es tu primera cámara. Ahora estas son mejores, que las cámaras de video de consumidor.

Las plataformas son gratuitas, subir el video no cuesta, hacer un Facebook Live tampoco y ¿de qué hablas? Responde las inquietudes de tu Avatar.

Crear contenido en esta época es mucho más sencillo y lo será más con el paso del tiempo.

Cuando yo empecé le enseñaban a uno que tenía que escribir artículos para el blog una vez al día.

Eso se acabó, si tu timidez no te permite salir en cámara, graba un audio. Crea un video con ese audio, transcribe el audio y lo conviertes en artículos.

Si lo tuyo es escribir, escribe, luego lees el escrito y lo grabas en audio y comienzas el proceso.

La palabra es "multipropositar", que tu contenido pueda servir para más de un propósito.

Te voy a contar una historia para que veas el poder del contenido.

LA HISTORIA DEL SASTRECILLO VALIENTE

A la hora de dormir siempre le contaba cuentos a mis hijos, y había una historia de los hermanos Grimm que le encantaba a mi hijo mayor, la de "El sastrecillo valiente".

Pero la historia que te voy a contar es la de un sastre de Granada (España), Bere Casillas.

Era el final de la primera década del siglo XXI, su sastrería estaba como muchos negocios del área vacía por la falta de clientes debido a la crisis que atravesaba el país en ese momento. Bere llegó a su casa y encontró a su hija en Tuenti, el Facebook de esa época en España. Como buena adolescente pasaba horas frente a su computadora y esto generó el enfado del padre.

Con curiosidad Bere se acercó al ordenador cuando ella no estaba presente y empezó a navegar por la red social que le estaba robando el tiempo a su hija y se detuvo con asombro cuando vio en una foto uno de sus trajes.

Le comentó a su hija y con ansias comenzó a devorar la red y ver todas las posibilidades infinitas que encerraba.

Así que abrió su twitter para dar consejos, grabó su primer video para enseñar cómo hacer un nudo Windsor para la corbata y de repente, las visualizaciones comenzaron a crecer, los suscriptores en Twitter le pedían consejos.

A propósito, ese video que publicó hace 10 años tiene

hoy más de 15 millones de vistas.

Fue tal el impacto que generó que Andreu Buenafuente, el presentador más importante de la época en España, lo invitó a su programa en la Sexta para hablar de elegancia.

Su fama creció exponencialmente, hoy tiene tiendas en Madrid y Granada, su marca es muy conocida y es un referente de la moda en su país.

Algo tan simple, pero importante como enseñar a alguien que no sabe hacer un nudo de corbata, fue el inicio de un emporio. Luego vinieron videos de cómo combinar la camisa, cuidar el vestido, doblar el pañuelo, etc., etc.

El sastre valiente de Granada nos debe servir de ejemplo para ver la importancia de la generación de contenido para nutrir a tu Avatar.

El éxito está reservado para las personas que toman acción.

Ahora tu ejercicio, no te vas a salvar de hacerlo.

Quiero que analices cuál es la red social donde está tu Avatar.

Crea tu estrategia para nutrirlo.

Crea un listado de preguntas que te han hecho o que te harían.

Planea las respuestas y comienza a generar contenido.

Te dejo las direcciones de nuestros "reinos" para que te puedan inspirar en ellos:

YouTube: institutodenegocios.com/yt

Facebook: institutodenegocios.com/fb

Instagram: institutodenegocios.com/ig

Blog: institutodenegocios.com/blog

Podcast: institutodenegocios.com/podcast

CAPÍTULO 7

PASO #5 LA SOLUCIÓN

Acababa de terminar mi conferencia y salí al *lobby* del hotel a descansar un poco, allá llegó Andrés, un joven de 20 años que había asistido acompañando a su madre a uno de nuestros eventos presenciales.

Andrés apurado me detuvo y me dijo casi con angustia, no entendí el tema del dolor y la transformación del Avatar.

Le pregunté si alguna vez había tenido un dolor de muela, la respuesta fue no, pero le dije que era de los peores dolores que podían existir. Hoy es domingo le dije y si lo tuvieras vendrías a recepción a pedir una solución.

La conserje te diría que todo estaba cerrado ese domingo pero tenía dos soluciones: una, llamar a un dentista que podía venir a domicilio pero cobraba un poco caro, o la otra, esperar al lunes a que lo atendieran en el consultorio.

La pregunta era, qué tan intenso es el dolor. ¿Es muy fuerte? ¿Puede esperar?

¿Qué tan urgente es ir al dentista? ¿Se puede calmar el dolor con una pastilla?

Si la respuesta es urgente e intenso, tú escogerías la visita del dentista así cobrara lo que cobrara. ¿Tú preguntarías si el doctor se había graduado de la UNAM, de la Universidad Javeriana o de la de Harvard? No creo, tú lo que necesitas es acabar con ese dolor insoportable y rápido.

Cuál es el dolor, el de una muela, ¿pero que necesitas? Estar libre de ese dolor, poder seguir viendo la conferencia tranquilo, no puedes esperar al lunes.

La solución podía haber sido el dentista a domicilio, una pastilla, un taladro, no sé, tu no estabas pidiendo el "vehículo" estabas pidiendo el destino. Por favor quíteme este **!!#+*dolor.

Una mujer no compra maquillaje, compra belleza, autoestima.

Una persona no compra un aire acondicionado, compra frescura.

Un hombre no compra un taladro, compra recuerdos. Perdón, dijo Andrés, cómo así.

Una persona compra un taladro para colgar un portarretratos en la sala de su casa con los recuerdos de su familia. Él quiere eso, esa es la transformación.

Pero en la tienda qué le venden, "este taladro tiene 350 revoluciones por minuto, un sistema de seguridad, luz LED y puede

142   www.prohibidoserpobre.com

usar brocas de titanio". Yo lo que quiero es colgar la foto de mi familia.

Nuestro Avatar tiene un dolor, pero lo que compra es una transformación.

¿Nosotros qué le vendemos? ¿Características o beneficios?

¿Productos o soluciones?

Transformaciones.

Andrés asintió y me dijo, "entendido".

Esta conversación me sirvió para responderles a cientos de personas que quieren empezar un negocio *online*.

Tu Avatar tiene un dolor, Viviana no te está pidiendo un curso de cocina vegana o un libro de recetas, tú la escuchas y diseñas la solución apropiada.

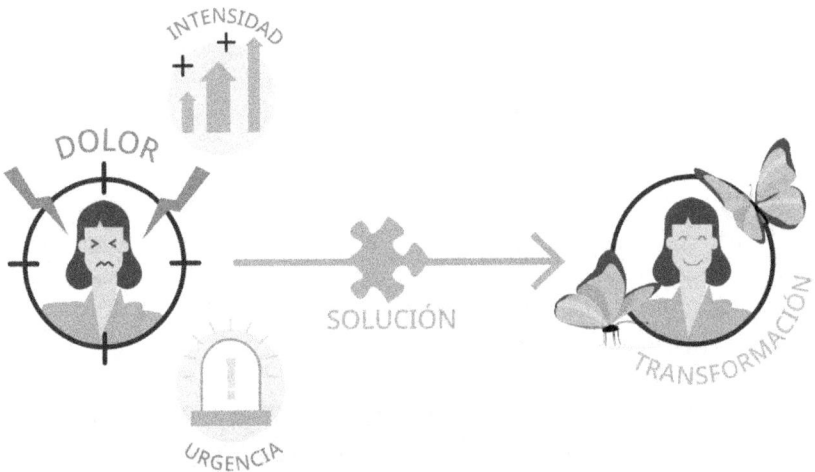

Antes, bueno como todo hay gente que sigue haciendo las cosas como antes, tú creabas un producto y salías a venderlo, hoy en día sales, escuchas el dolor de tu Avatar y creas una solución para él.

¿Ves la diferencia? Antes salíamos a buscar a quién le podíamos vender algo, ahora los prospectos nos buscan porque nosotros tenemos la solución que ellos quieren.

Si sabes el dolor, la intensidad de ese dolor, la transformación, la urgencia de esa transformación, tú creas tu solución y puedes definir el tiempo de entrega y el valor de la misma.

Por ejemplo, tu Avatar tiene un negocio y sus ventas han caído de forma estrepitosa.

Si sigue por el mismo rumbo tendrá que cerrar. ¿Su dolor? sus vendedores no saben vender.

Su transformación, tener un negocio próspero o quizás ese era el negocio de su padre y no quiere defraudarlo y sentir que no pudo administrarlo bien, tal vez sea esa la verdadera transformación.

Tú tienes un curso de ventas que le ayuda a tu Avatar a que sus vendedores tengan entrenamiento y mejoren sus habilidades de venta. Tu promesa es triplicar las ventas. Suena muy bien para tu Avatar, pero la entrega del curso es de 6 meses.

En ese tiempo tu Avatar habrá cerrado el negocio.

Ahora, si el curso es de un fin de semana, tu prospecto no va a creer que sea posible.

Quizás sea un entrenamiento intensivo de 3 meses donde en la primera semana ya verá los resultados.

¿Y el precio? Si tu Avatar sabe que ese curso es la solución a su problema, que va a lograr mantener el negocio familiar funcionando, ese negocio que ha sido el sustento de su hogar, ¿cuánto pagaría?

El precio no es el determinante, es la transformación lo que importa.

¿Recuerdas cuando hablamos de Andrés y le comentamos que el dentista a domicilio era costoso? ¿Le preocupaba a él el precio si el dolor era desesperante? Lo más seguro es que no, ni las credenciales del dentista ni nada, sólo quería algo concreto, poder disfrutar la conferencia sin el dolor que tenía.

Si tú te posicionas como la persona que tiene la solución para producir la transformación que busca tu cliente, este te va a comprar.

Esta fórmula les ha permitido a mis alumnos definir la entrega, el tiempo y el precio y te va a servir a ti para tener más claridad de cómo hacerlo.

¿CÓMO DISEÑAR TU SOLUCIÓN?

Aquí entra en juego uno de los conceptos más importantes de este negocio, si tú quieres resultados consistentes tienes que tener una metodología para enseñar.

Te hablaba antes de que cuando tienes una receta, es fácil que otra persona la pueda seguir.

Si tú pruebas la receta una y otra vez y tienes los resultados esperados, otra persona si la sigue deberá tener los mismos resultados.

Crear una solución no es mirar al cielo y esperar a que tengamos la inspiración divina, es un proceso lógico.

Si yo te enseño una metodología, tu puedes seguir el proceso, si aprendes con una metodología vas a tener resultados, pero lo mejor...

Cuando tú enseñes vas a tener una metodología para enseñar.

Nuestro cerebro aprende por patrones establecidos previamente como las formas geométricas, por eso vemos conceptos basados en ellas.

Las ramas del poder, legislativo, ejecutivo y judicial. La Divina Providencia, Dios, Hijo y Espíritu Santo. O el círculo cromático o el cuadrante del flujo del dinero.

Son conceptos más fáciles de recordar.

Así que tú debes bautizar tu método, por ejemplo el mío, método ETN o "Empieza Tu Negocio".

Porque lo que tiene valor es ese método, es lo que tú vas a vender.

Yo lo llamo, la receta de la Coca-Cola.

Tú no vendes un curso, vendes tu metodología y es TU METODOLOGÍA.

Por ejemplo, en el curso "La Fórmula de los videos", usamos como base un cuadrado y lo bautizamos, las 4 Ps, esa es la fórmula, 4 Ps: Principios, Preproducción, Producción y Posproducción. Esta es una secuencia lógica para llevar a una persona que no sabe hacer videos y no es técnica a lograr convertirse en alguien que produce videos de calidad profesional.

Y usamos 4 pasos para lograrlo.

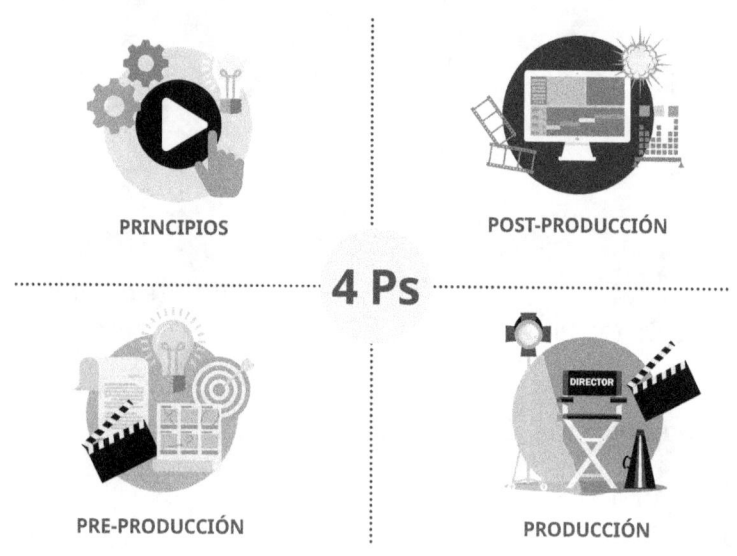

En "Empieza Tu Negocio" uso una parrilla de 3 x 3, una persona que no sabe cómo empezar un negocio *online* y sigue por esos 9 pasos hasta tener su propio negocio funcionando.

Los pasos son lógicos como cuando tú estabas en la escuela. No te enseñaban a dividir si no sabías sumar y multiplicar primero. Ibas curso por curso.

Igual acá, empiezas con los conceptos básicos y vas subiendo hasta llegar a tener tu negocio en menos de 90 días.

¿Lo puedes hacer? Absolutamente, hay muchas personas que lo han hecho.

¿Es típico que todos los que lo compran tengan resultados? No, porque las circunstancias de cada uno son diferentes.

Pero esta metodología te permite aumentar tus resultados y recuerda que los resultados generan resultados.

www.prohibidoserpobre.com   149

Una de mis leyes de *marketing digital* es, si quieres ganar dinero vende, pero si quieres ganar mucho dinero, transforma.

La mejor manera de lograr crecer es produciendo resultados y mostrando que otras personas lo han logrado.

Por ejemplo, la historia de Carolina Zuluaga. Carolina es ingeniera industrial, vive en Cali, Colombia. Y un día estaba como tú, viendo un video nuestro y decide replantear su vida para poder darle una mejor versión de ella a su hija.

Cuando entiende el poder del *marketing digital* se da cuenta que tiene que parar y aprender porque le faltaba mucho conocimiento.

Decide comprar el curso "Empieza Tu Negocio" y paso a paso siguiendo el método de forma disciplinada logra lanzar unos meses más tarde su curso para papás y hacer sus primeras ventas.

Carolina logra cumplir el sueño de cuidar a su hija, ver crecer a Valentina y desarrollarse como profesional.

Su testimonio lo puedes ver en: **http://ojo.la/carolina**

Cuando tú ves este caso, dices: el curso tiene resultados y te decides a comprar.

Ese es el poder de los resultados, que los transformas en testimonios, en historias, en casos de éxito y se convierten en un multiplicador.

150   www.prohibidoserpobre.com

Tu misión es trabajar para que la solución que tú vendas genere los resultados que tú ofreces.

Si lo cumples, has logrado tu éxito, si no lo haces, corrige y cambias hasta que lo logres, si no lo puedes hacer, cambia la promesa o cambia de negocio.

No importa que tipo de negocio tengas, el principio es igual, bien sea que vendas conocimiento a través de un infoproducto o servicios o productos físicos. Si tu producto no hace lo que dice que hace, no sirve.

Ahora quiero que dibujes tu metodología y la bautices, es importante que le des un nombre porque ese nombre es el que tiene valor, es tu fórmula.

En el próximo capítulo te contaré quién es el héroe en tu negocio y qué le vas a vender a tu Avatar.

¿A estas alturas del libro te estarás preguntando y qué solución puedo vender?

Conocí a Anderson Rey en Brasil, con su humildad de siempre accedió a venir a mi evento "Internet Marketing Summit", la conferencia que realizamos cada año para actualizar a nuestros seguidores en este maravilloso mundo de Internet.

Anderson se casó a los 17 años, tuvo su hijo y a los 6 años le descubrieron un cáncer. Él recuerda que el momento más doloroso fue cuando unos minutos antes de morir, el niño lo abrazó y le dijo: "papi, no me dejes morir". En ese momento con su niño en los brazos, el mundo acabó para Anderson.

Su matrimonio se terminó, se introdujo en el uso de drogas para escapar de su sufrimiento y tocó fondo hasta dormir en la calle tapado con papeles.

Allí lo encontró su cuñado y lo llevó a la ciudad y descubrió la mentalidad emprendedora, tomó un curso presencial para arreglar lavadoras y refrigeradores y su cuñado lo invitó a trabajar en su negocio. Luego empezó el suyo, su emprendimiento comenzó a crecer y ya no daba abasto hasta que un día encontró Internet.

Creó un canal de YouTube, grababa los videos con su teléfono, los subía a la red y un comentario que escribió alguien le llamó la atención. "Anderson si usted puede grabar estos videos en DVD, yo los compro".

Así que grabó el curso, lo subió a la plataforma Hotmart (hablaremos a fondo de esto en el Capítulo 10) y dijo, si logro vender 100 cursos puedo comprar un carro nuevo. El primer día vendió $1.000 dólares, algo que nunca se había imaginado. Incluso les decía a sus familiares, ¿será que alguien podrá comprar un curso de lavadoras?

Con el dinero que ganó empezó a construir su casa propia y hoy en día tiene una hermosa familia y como dice él, vive donde quiere porque su negocio en Internet está automatizado.

¿Quién es el cliente de Anderson?

Personas como él que encontró en ese oficio una profesión que le ayuda a generar ingresos para su familia. En otras palabras para personas que quieren tener un negocio de lavadoras o trabajar en uno.

¿Crees que hay lavadoras en Brasil? ¿Qué esas lavadoras se dañan?

Pues esa es una oportunidad, Anderson la vio y generó prosperidad gracias a tener su negocio *online*.

Hoy en día tiene 6 cursos de lavadoras y varios de otros electrodomésticos, y genera un ingreso anual de varios miles de dólares, suficientes para tener una vida cómoda.

Sentí mucha emoción cuando contó su historia ante mi audiencia, mucha gente lloró ese día, pero mucha gente entendió el poder transformador de este negocio.

LA ESCALERA DEL CONOCIMIENTO

Muchas personas llegan a este punto y se preguntan, todo suena muy bonito, pero ¿quién soy yo para enseñar? Y te prometí que hablaría de esto.

Te voy a dar un ejemplo.

Yo quisiera aprender a jugar golf. En la escalera del conocimiento quizás Tiger Woods sería la persona que está en la parte más alta de la misma.

¿Si no sé nada de golf, sería lógico que yo aprendiera de él?

Para comenzar, lo real es aprender de alguien que sabe más que yo, quizás el entrenador de un club, ¿es campeón mundial? No, pero tiene el conocimiento para enseñarme.

Cuando avanzo, quizás quiero aprender de alguien con más experiencia y busco a un campeón nacional y así sigo en mi escalera.

A su vez mi primer profesor, aprende del que está dos o tres pasos más arriba, quienes aprenden de los que están en la parte más alta.

Para alguien que no sabe, el que está en los primeros escalones es su experto.

Así que tú no tienes que ser el Tiger Woods de tu tema, sólo tienes que saber más que las personas a quienes les vas a enseñar.

Este concepto ha cambiado la vida de mis alumnos que creían que no era posible.

Pero aquí comienza la magia, cuando tú asumes el rol de experto, te conviertes en experto, empiezas a capacitarte, a aprender de los que están más arriba, lees libros, tomas cursos y paso a paso te vas dando cuenta de que tu nivel ha crecido. Todo porque asumiste una responsabilidad con tus alumnos.

Te conviertes en un experto y si sigues trabajando en tu tema, lograrás las 10.000 horas que te llevarán a la excelencia. Este concepto te sugiero que lo leas en el libro de Malcom Gadwell, "Fuera de Serie". Estas 10.000 horas convirtieron a los Beatles en el mejor grupo musical de la historia, a Bill Gates en lo que es y a compositores y deportistas de alto desempeño en grandes referentes.

La práctica hace al maestro.

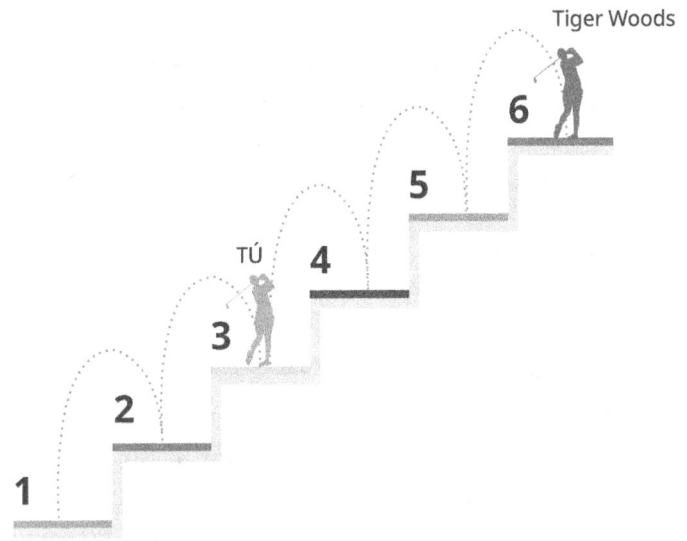

TIPOS DE SOLUCIONES

Hay varias opciones que puedes dar para entregar la solución a tu prospecto, te hablaré de algunas de ellas:

- *E-books:* Libros en PDF.

- **Audios:** Versiones de libros en audio, cursos en audio.

- **Cursos:** Tutoriales en video, reportes en PDF, cursos en video y/o en audio.

- *Webinars:* Seminarios virtuales pagos.

Usualmente estos productos son de corta duración y su precio está entre 17 a 197 dólares.

Resuelve problemas concretos y son la base de tu escalera.

- **Programas de estudio:** Cursos completos dedicados a un tema en profundidad. Incluyen cursos en video, sesiones en vivo para responder preguntas, *webinars*, talleres virtuales, etc.

- **Clases virtuales:** Realizadas *online* en directo con acceso a una plataforma donde pueden ver las grabaciones.

Estos cursos pueden estar entre los 297 a 997 dólares.

- **Membresías:** Programas de pago recurrente con acceso a una plataforma digital. No es un curso en sí, o puede serlo. Usualmente son clases de un tema que la gente paga la mensualidad para verlas y lo puede hacer mientras esté activo (modelo Netflix). Clubes, asociaciones, escuelas o institutos virtuales.

Estos programas de pago recurrente van desde $27 dólares al mes a $197 y tienen opciones de membresía anual.

- **Talleres presenciales.**

- **Conferencias.**

- **Seminarios.**

Son los mejores lugares para congregar a tus seguidores y son ideales para vender productos de alto precio.

Estos eventos se pueden grabar o transmitir vía *Streaming* para generar más recursos.

Sus precios van desde $197 a $2.000.

- Consultorías.

- Asesorías.

- *Coaching.*

Son programas presenciales, uno a uno o grupal pero se puede incluir el componente *online,* no sólo para realizarlas, sino para que el usuario tenga acceso a la grabación de la sesión.

- Programas de alto precio.

- *Bootcamps.*

- Talleres de inmersión.

- *Masterminds.*

- Programas presenciales con seguimiento digital de alto valor en contenido.

La mayoría de las personas pagan estos programas por las relaciones y el involucramiento personal, casi privado con la persona que lo imparte.

Son eventos de $2.000 a $25.000 o más.

Tu prospecto busca experiencias y exclusividad.

El grado de involucramiento tuyo, incide en el precio del mismo. No es lo mismo un curso grabado donde no tienen ningún contacto contigo a un *Mastermind* o un *Bootcamp* donde estás tú conviviendo con tu prospecto.

CAPÍTULO 8

PASO #6 EL *MARKETING*

Marketing es el proceso que tú creas para convertir a un desconocido en un cliente, un cliente en un amigo que te compra con frecuencia y termina siendo promotor de tus productos o servicios. El método A.V.S.

En este capítulo te hablo de ese proceso y de las herramientas iniciales que usarás en tu sistema.

¿Qué vendes tú? ⟶ Soluciones.

¿Qué compra tu cliente? ⟶ Transformaciones.

¿Pero de forma práctica qué le vendes a tu cliente?

EL PODER DE LA OFERTA IRRESISTIBLE

Si no tienes una oferta, no vendes, decía Mark Joyner en su libro "The Irresistible Offer" y es cierto. Todo en la vida son ofertas y cuando hablo de ofertas no hablo de descuentos o cosas que se le parezcan, hablo que la gente compra cuando el valor de lo que le ofrecen es superior a lo que vale el producto.

Si tu prospecto percibe que el valor de lo que va a comprar es igual o de mayor precio, no compra. Pero si la percepción es que va a pagar mucho menos del precio "real" del producto la gente compra.

Déjame te explico.

Si vas a comprar un iPhone, en la tienda te cuesta $997 dólares.

Si yo te vendo mi iPhone, pagarías $997 dólares, no vas a pagar más, pero si yo te digo que mi iPhone tiene:

✓ Mi colección de 60+ audiolibros de emprendimiento.

✓ Mis 200+ libros de todo tipo en la aplicación Kindle.

✓ Las aplicaciones de productividad.

✓ Suscripción a revistas de negocios.

✓ Los teléfonos de los principales gurús de la industria.

✓ Los números de WhatsApp de diferentes personas que ofrecen soluciones de *marketing*.

✓ Mi número privado.

¿Cuánto pagarías por mi iPhone?

Estoy seguro que si lo vendiera, alguien pagaría 10 o 20 veces más del valor del de la tienda.

Que cambió si es el mismo iPhone.

La oferta.

Incluí una oferta irresistible que incluye varios factores.

Bonos que te van a ayudar a crecer tu negocio, libros, audios que si fueras a pagarlos te costarían más de lo que vas a pagar por el teléfono, contactos que te van a ayudar a promocionarte o a solucionar problemas y un acceso directo conmigo.

Y el otro factor, escasez, sólo hay un iPhone así, el mío.

¿Qué hice?, agregar valor, mucho valor.

Si vas a vender un iPhone, vas a competir con todos los que venden iPhones, pero si agregas valor, la gente te va a comprar a ti.

Además de tu producto (o servicio), agrega valor, por ejemplo bonos que hagan más atractiva la oferta, garantías y desde luego la escasez porque si tu prospecto sabe que esta oferta es por tiempo limitado, va a comprar. Si la oferta la encuentra en cualquier momento, no tiene la urgencia de comprar.

Ahora quiero que diseñes tu oferta.

- Cuál es tu producto.

- Qué bonos vas a incluir.

- Cuál es tu garantía.

- Cuál es la escasez.

Si tienes un negocio tradicional o digital o eres un profesional, vendes productos o servicios, es siempre igual; la oferta hace que tu cliente compre.

> **Tu Avatar puede tener el problema y tú la solución, pero lo que hace que él tome la decisión es la oferta.**

Ten siempre en cuenta que si vendes o no vendes, lo primero que tienes que analizar es la oferta, si no vendiste mejórala, si vendiste, sigue vendiendo.

LA HISTORIA DEL HÉROE

La mayoría de las películas de Hollywood tienen un patrón establecido, un personaje, el héroe, que tiene un obstáculo, el dolor, una serie de conflictos, internos y externos y busca una solución.

En esa búsqueda aparece el guía que le muestra el camino y le da las dos opciones, el bien y el mal, el héroe escoge el bien y triunfa. Fin de la historia y todos felices.

Si has visto la Guerra de las Galaxias, recordarás al héroe, Luke Skywalker, que tiene un dilema, encuentra al guía, el maestro Yoda que le ayuda a desarrollar sus habilidades para derrotar a la "estrella de la muerte".

Estos conceptos aparecen en dos libros: "El viaje del héroe" de Joseph Campbell y "Storybrand" de Donald Miller. El problema es que antes del libro de Miller, entendíamos que el héroe de las historias éramos nosotros y con "Storybrand" comprendimos que nuestro papel es de guía y el verdadero héroe es el cliente.

Esto cambió el *marketing* para siempre, lamentablemente hay personas que siguen con el concepto errado y su mensaje desde luego es...errado.

Yo lo llamo *marketing* YoYo. Yo soy el mejor, Yo soy el más rico, el más hermoso, Yo, yo...yo.

Pero cuando tú hablas de tu verdadero héroe, el cliente, todo es más poderoso.

Cuando vemos el sitio web de una empresa o de un profesional, por lo general hablan de lo buenos que son, los premios y certificaciones. Y el prospecto llega y aplica el concepto básico de los negocios, qué hay aquí para mí.

Si ese visitante no encuentra cómo tú lo puedes ayudar, se va.

Es más poderoso que en lugar de hablar de ti, sean otros los que cuenten sus experiencias y resultados, esos que han logrado gracias a tu producto o tu servicio.

Y la mejor manera de hacerlo es gracias a testimonios, casos de estudio y…las historias.

Déjame que te cuenta una historia.

> *Felipe Roberto Carrillo trabajaba en una empresa de electricidad en Baja California, México cuando tuvo un problema de salud que le cambió su rostro.*
>
> *Quizás por su apariencia la compañía decidió prescindir de sus servicios. Pero Felipe sabía su oficio, tenía experiencia y continuó trabajando en su profesión.*
>
> *Sin embargo, él quería encontrar un medio para compartir su mensaje y un día me encontró, descargó un Lead Magnet y poco tiempo después le ofrecí el curso "Empieza Tu Negocio".*
>
> *Él cuenta como fue descubriendo que lo que había pagado era mucho menos porque era tanto el valor que agregábamos que "hasta gratis" le había salido. Que ya tenía su página web y que era tan fácil que hasta un hombre de las cavernas lo podía hacer.*

Y al final nos dice que si él pudo, cualquiera lo puede hacer.

Cuando tú ves el testimonio de Felipe: (http://ojo.la/felipe) te das cuenta del poder de las historias.

Qué es más poderoso, que yo diga que el curso es fácil, que agregamos valor y damos resultados a personas comunes y corrientes y que cualquiera lo puede hacer o que lo diga una de esas personas que lo ha hecho.

El héroe es Felipe y los miles de Felipes y Carolinas que quieren cambiar sus vidas.

Cuando comparto estas historias no quiero hacerlo con el ánimo de "venderme" lo hago por dos motivos, uno inspirante y el segundo mostrarte con el ejemplo lo que tú debes hacer.

Cuántas veces en tu negocio te ha dicho un cliente lo que ha logrado contigo y tú no usas ese testimonio en tu material promocional.

¿Cuántos video-testimonios tienes?

Seguramente después de ver este capítulo empezarás a escribir las historias de tus héroes y a pensar más en ellos que en ti.

Desde que aprendí este concepto cambió mi negocio completamente, no soy yo el protagonista de esta historia, eres tú.

Y te hablo de esto porque si lo tienes claro, tu mensaje de *marketing* será más poderoso y así podemos avanzar con las primeras herramientas que harán que las ventas te ayuden a lograr tu prosperidad.

UN CORREO VENDEDOR VALE MÁS QUE MIL PALABRAS

"El *e-mail marketing* está muerto"

¿De veras?

Si fuera cierto no tendría negocio y como te decía antes, si me tocara volver a empezar, con la lista de correos tendría suficiente.

> Tu lista de suscriptores es tu activo más valioso y la mejor manera de comunicarte con ellos es a través de los correos electrónicos.

Pero Luis Eduardo, la gente ya no abre correos, eso no es totalmente cierto, no abres correos que no te interesan, pero si tú envías contenido de valor, tu público agradecerá que lo hagas y los abrirá.

La clave es contenido de valor. Si nutres a tu prospecto con correos de contenido, ellos esperarán tus correos y los leerán. Todos, no, pero tú tienes que ser frecuente, constante y consistente en el envío de correos.

No puedes enviar uno hoy y el otro seis meses después. No puedes abandonar a tu audiencia y sólo recordarla para venderle.

El objetivo primario es que tu correo llegue a la bandeja de entrada y eso lo logras haciendo bien tu trabajo, teniendo una lista activa y usando un proveedor reconocido que permita que los servicios de correos lo "premien" con la entrega.

¿Qué hace que tu correo vaya a la bandeja de correos no deseados o "Spam"?

Varios factores, el proveedor, tu antecedente, es decir, si envías correos "basura" tu puntaje baja y seguramente tus correos no llegarán al sitio indicado, la limpieza de tu lista, las palabras que usas, etc.

Si el correo llega a la bandeja principal, has pasado el primer filtro, ahora el segundo paso es que lo abran.

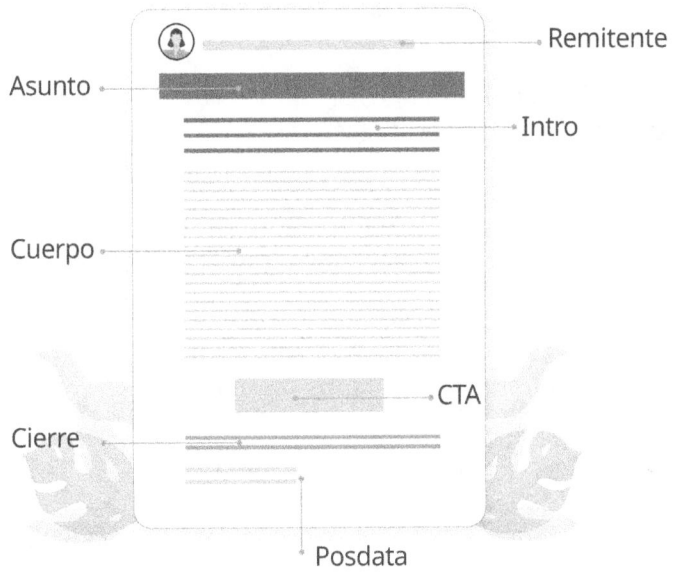

Un correo se rige por el mismo modelo AIDA.

Lo primero que ve tu suscriptor es el remitente.

Si tú envías correos, tu lista creerá en ti y no borrará el tuyo porque identificará que envías información útil.

Después el Asunto.

Si tu asunto no **A**trae, la gente no lo abrirá y correo que no se abre, es correo que no se lee.

Debes ser creativo escribiendo asuntos, generar curiosidad.

Te comparto algunas palabras que puedes escribir en tus asuntos:

- ## Las más poderosas:

  Tú   Gratis   Urgente   Nuevo   Porque

- ## Palabras que generan influencia:

  Ahora, sensacional, presentando, revolucionario, mágico, fácil, oferta, increíble.

- ## Palabras que generan comunidad:

  Sé miembro, únete, haz parte.

- ## Frases que implican exclusividad:

  Sólo para, se requiere acceso, acceso exclusivo, clase llena, miembros solamente, exclusivo, oferta exclusiva, sé uno de los primeros, sé uno de los pocos, aplica ahora, únicamente para suscriptores.

- **Frases que implican escasez:**

  Oferta limitada, se agota, último día, sólo quedan 3, últimas horas, sólo 10 disponibles, se va el tren, tic, tac, toc.

- **Palabras que te hacen sentir seguro:**

  Mejora, creíble, inmediatamente, descubre, aprende, conoce, ganancias, poderoso, gana, mejor, más, bonos, extra, tu, gratis, dinero, salud, garantía, hoy, resultados, extraordinario, maravilloso, grande, básico, ahorra, comprobado.

- **Y palabras como:**

  Secreto, ayuda, promueve, incrementa, descubre, crea, nunca.

Estas son algunas palabras que puedes usar en tus asuntos.

Recuerda que un correo se escribe como cuando hablas con un amigo, le estás contando una historia y le hablas de forma coloquial.

Tu suscriptor va a sentir que está hablando contigo y si conoces bien a tu Avatar, le hablarás en su propio lenguaje y te va a entender.

Escribir correos es una habilidad que sólo se aprende escribiendo correos.

Ahora pasamos a la **I** del modelo, Interés.

Si el objetivo del asunto es que abran el correo, el siguiente paso es la entradilla o *lead*.

Su propósito fundamental, como en las cartas de ventas, es que la gente continúe leyendo porque despertaste su interés.

Te voy a compartir un ejemplo clásico.

ASUNTO: *¡Lo que nunca debes comer en un avión!*

ENTRADA:

Hola,
Hoy quiero compartir contigo un estudio sobre las co-midas más sucias que se encontraron en la peor aerolí-nea del planeta.

Seguro que después de leer esta entrada, te he generado interés y ganas de seguir leyendo.

El siguiente paso es generar el **D**eseo. Si tu correo es de contenido, aquí escribes todo lo que quieres comunicar, si es de ventas comienzas a hablar sobre por qué estás hablando de esto y cómo tu oferta puede ayudar a tu Avatar a resolver su dolor.

Y el último paso es el llamado a la **A**cción, en emprenduñol lo conocemos como CTA (Call To Action).

Todo correo debe llevar un llamado a la acción.

Si es venta, haz clic >> Aquí para ver los detalles. O para comprar, etc.

Si es de contenido, visita mis redes sociales, déjame tu comentario, comparte, etc.

Nunca dejes un correo sin CTA, la razón es que tú estás entrenando a tu prospecto a comprar y debes decirle claramente qué es lo que quieres que haga, haz clic aquí, déjame tu comentario, en dónde lo deja, visita mis redes, cuáles.

Si tu prospecto se acostumbra a que tú siempre le pides que haga algo, se va a acostumbrar cuando le digas que compre.

Un punto importante, tú debes nutrir a tu prospecto, pero desde el principio debes hacerle saber que se suscribió, se registró a tu lista para recibir información valiosa y que eventualmente le vas a vender algo que le va a ayudar a mejorar algo (su dolor).

Esa claridad es importante porque el día que le vendas no se va a sentir traicionado.

Si dice que no quiere seguir en tu lista, tiene la posibilidad de darse de baja de la misma, así que si sigue en ella es porque sigue su interés.

No llores porque tus prospectos que tanto trabajo tuviste para conseguir te dicen adiós, es normal. Si no quieren estar o si se suscribieron pensado que era otra información la que encontrarían o lo hicieron por despistados, es mejor que se vayan.

Tú pagas por el volumen de contactos y correos enviados, así que un suscriptor que no interactúa (no abre ni hace clic) es un suscriptor que estás pagando y no te genera beneficios.

Tú estás empezando un negocio, NEGOCIO con mayúsculas, no eres una entidad benéfica. Estás invirtiendo tu tiempo dando contenido, pagas tu autorrespondedor y los gastos naturales del negocio y esperas un retorno, así que no es pecado vender, el pecado es no hacerlo.

Entrena a tu cliente desde el principio.

¿Y me preguntarás y los *bots*, WhatsApp, reemplazan al correo?

No, son complementarios, poderosos eso sí, pero dime si has leído un mensaje largo de WhatsApp.

Muy pocos, igual en el *bot*, tienes que llevarlos paso a paso a que lean externamente el contenido más profundo.

En un correo te puedes extender, al fin y al cabo le estás enviando una carta a un amigo, estableces una conversación con él y no tiene que ser con frases cortas.

Con la aparición de los teléfonos inteligentes, los correos han tomado fuerza y los *bots* o la mensajería como WhatsApp o Telegram, ayudan a potenciar el mensaje pero no lo reemplaza.

Un nuevo jugador ayuda en el equipo, pero no puedes depender de uno solo.

CARTA DE VENTAS

La siguiente herramienta de *marketing* que origina ventas y quizás una de las más poderosas son las cartas de ventas.

Si piensas que estas surgieron con la Internet, te equivocas.

Son tan antiguas como la publicidad de respuesta directa y tan efectivas, que llevan más de un siglo produciendo ventas.

¿Qué es una carta de ventas?

> Vender es un proceso psicológico, los seres humanos no importa donde vivamos, compramos de la misma forma porque nuestro cerebro actúa de la misma manera.

No importa si le vendes a un multimillonario o a un pobre, la psicología humana es igual.

Nuestro cerebro es parte de una evolución y está compuesto por 3 cerebros, el primitivo o reptiliano, el medio o sistema límbico y la neocorteza o racional.

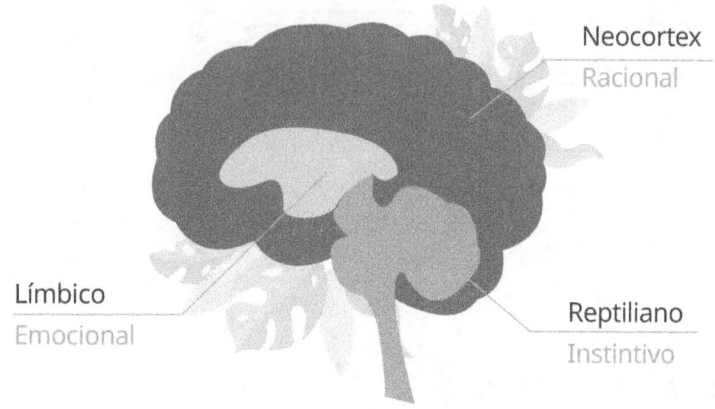

Neocortex
Racional

Límbico
Emocional

Reptiliano
Instintivo

Cada cerebro se formó en una etapa evolutiva, el reptiliano es el cerebro que decide, el sistema límbico el que siente y la neocorteza el que piensa.

> Cuando tú vendes tienes que hablarles a los 3, pero no les puedes hablar de la misma manera.

El racional o neocorteza es el "portero" del equipo, su oficio es no dejar meter goles. A ese cerebro le gustan los números, hay que convencerlo con argumentos. Al fin y al cabo nació con el hombre y es el cerebro que nos diferencia de otros seres vivos.

El límbico es el emotivo, se formó con los mamíferos, así que es este el cerebro que tenemos que enamorar con las emociones. El que actúa con el deseo, al que le gustan las historias.

Y el primitivo, como su nombre lo dice es el cerebro básico, el que tuvimos cuando éramos una pequeña lagartija que tenía que defenderse de seres gigantes y ambientes hostiles. Que vivía en escasez y con miedo.

Ese cerebro más antiguo tiene escondido en su interior el botón de compra.

Si tú aprendes a comunicarte con el triuno (los tres cerebros) puedes lograr la venta y una carta de ventas tiene una estructura psicológica para hacerlo.

TU VENDEDOR AUTOMÁTICO 24/7

Cuando tú comienzas tu proceso en tu máquina de Internet llegas a una página de aterrizaje, dejas tu correo para descargar el *Lead Magnet* y luego vas a una página de agradecimiento.

Gracias a las redes sociales, tus "reinos", y a correos electrónicos, nutres a tu Avatar y el siguiente paso es llevarlo a una carta de ventas donde el prospecto se entera de la oferta, se le resuelven las objeciones y compra.

Esta es la herramienta más sencilla, en el capítulo de venta hablaremos de otras más avanzadas como *webinar* de ventas y lanzamientos.

El propósito es el mismo que has visto, un titular que genera interés y le habla al Avatar, a su dolor.

Después agitamos ese dolor despertando interés, dando razones.

Nos posicionamos, contamos nuestra historia y el nacimiento de la metodología o el producto, pasamos a resolver objeciones, presentar el producto, la oferta, el apilamiento.

Revertimos el riesgo con la garantía, presentamos testimonios, casos de estudio y/o historias, hacemos un llamado a la acción, recapitulamos la oferta, volvemos a llamar a la acción, más pruebas sociales (testimonios), resolvemos objeciones, introducimos una escasez y rematamos con una posdata que vuelve a llamar a la acción.

Usualmente incluyo al final las preguntas frecuentes para resolver las inquietudes y objeciones.

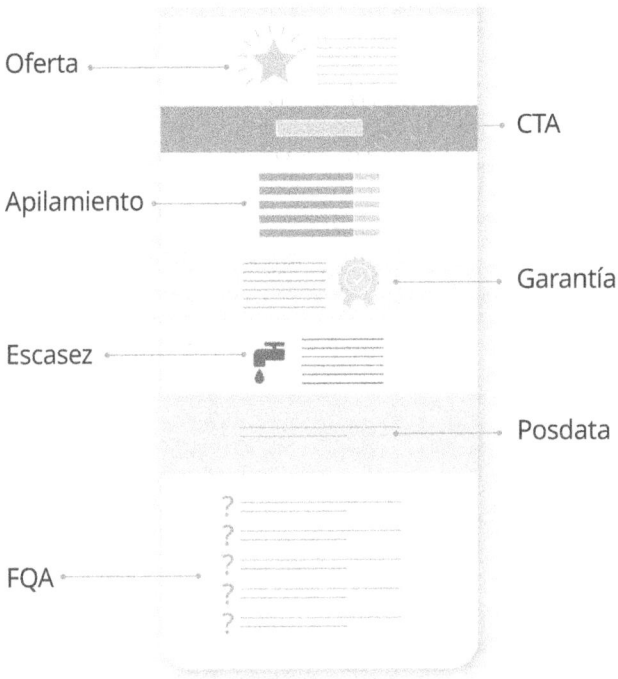

Oferta · · · · · ·

CTA

Apilamiento · · · · · ·

Garantía

Escasez · · · · · ·

Posdata

FQA · · · · · ·

Te muestro el gráfico pero para que entiendas mejor el proceso en: **www.prohibidoserpobre.com/amazon** te comparto una carta de ventas de ejemplo.

Tu carta estará trabajando para ti permanentemente porque estará respondiendo las inquietudes que tu prospecto tiene sobre tu producto.

Ya a estas alturas estás preparado para vender, por eso pasaremos a la parte más avanzada donde vas a saber cómo hacerlo.

Pero antes, cierra los ojos y di:

¡¡YO SOY UN EMPRENDEDOR IMPARABLE!!

PARTE 3

LA CONVERSIÓN

CAPÍTULO 9

PASO #7 EL TRÁFICO

Recuerdo que uno de los emprendimientos que iniciamos con mi esposa antes de casarnos fue un Videoclub. La demanda de alquiler de video era muy buena en ese momento y yo tenía varias ideas novedosas, como tener un servicio 24 horas que prestábamos con un cajero "automático" haciendo honor al nombre de la tienda, Videobanco.

Nuestro negocio estaba localizado en una zona de tráfico vehicular en un barrio residencial, me había enfocado en un nicho concreto, pero estaba sujeto a que las personas que pasaban en sus autos vieran el local y los residentes que caminaban a comprar en las tiendas aledañas lo descubrieran.

La gente llegaba y había un flujo constante, pero cuando compraba publicidad los fines de semana en el periódico local, en especial en la sección de cine, las ventas se disparaban y siempre preparaba ofertas como la compra de "tiqueteras" o tarjetas con descuento por el alquiler de 10 a 20 películas.

Esta estrategia me permitía pagar el costo de la publicidad puesto que recibía el dinero anticipado y tenía clientes que consumían sus "tiqueteras", se volvían clientes frecuentes y lo mejor, hablaban de nosotros a otros vecinos y las ventas crecían.

El negocio se "catapultaba" era "tráfico en esteroides" el que recibíamos.

En cualquier negocio hay estos tipos de tráfico: el orgánico, es decir, personas que nos llegan porque pasan por el frente de la tienda, el boca a boca y el pago o generado de la publicidad.

En Internet el tráfico orgánico lo hacemos a través de nuestros reinos en las redes sociales y el correo electrónico.

El objetivo, llevar a prospectos a visitar nuestra página de aterrizaje o nuestra oferta en una carta de ventas.

Por eso es tan importante tener tus herramientas "afiladas" y hacer llamados a la acción en cada una de ellas.

Si haces un Podcast, invitas a las personas a descargar un regalo en tu página de aterrizaje.

Igual cuando escribes un artículo relacionado con tu producto en el blog o determinados *post* en Facebook o en Instagram.

Con los videos hay una estrategia diferente.

La primera, creas videos de contenido cortos (no más de 3 minutos), estos videos se conocen como *Nuggets*, un video corto que resuelve un tema específico, como mis respuestas en "Dime Luis".

El propósito de esos videos es crear audiencias que te empiecen a conocer, un video corto e interesante no es una venta difícil si tu prospecto es el indicado.

Los *Nuggets* son videos sin llamado a la acción de venta, puedes decir, déjame un me gusta, comparte, comenta, etc.

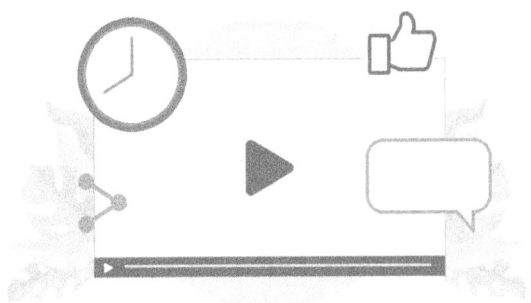

El segundo tipo de videos son videos pilares o raíz, donde desarrollas un tema a fondo, un solo tema.

Estos videos son videos de 30 minutos a una hora o más si quieres.

Antes, un video de una hora en YouTube no era recomendado como estrategia de *marketing*, pero si el video es interesante la gente se queda a verlo y pasan dos cosas. Una, el tiempo de visualización o *Watchtime* de tu canal aumenta y eso te ayuda en el posicionamiento de tus videos.

Dos, un prospecto que ve tu video hasta el final o por lo menos un 75 por ciento del mismo, es un prospecto altamente calificado.

Estos videos tampoco tienen llamados a la acción para vender.

El tercer tipo de video es un video donde vendes el clic o vendes que la gente se registre para descargar el *Lead Magnet*, ver el *webinar*, suscribirse al lanzamiento, etc.

Son videos cortos (2 o 3 minutos) con el único propósito de vender el registro.

Estos videos son videos de captación.

La segunda parte de la estrategia son los videos pagos.

Tus videos pueden ser impulsados con publicidad para lograr tener más alcance. Pagas publicidad a Facebook o a YouTube para que tus videos sean vistos. Lo que logras es que más personas se enteren de ti, se enamoren del tema, sean conscientes del dolor, te posiciones, etc.

Cada vez que alguien ve un video pasa a ser parte de una audiencia.

Cuando ya has creado tu audiencia tanto en Facebook como en YouTube (puedes escoger una o las dos) ahora sí puedes pagar publicidad para alcanzar a esa audiencia.

¿Qué video le vas a mostrar? El video de captación.

Si las personas ya vieron tus videos, es más fácil que ahora se suscriban a algo tuyo, y ahí comienza toda tu secuencia, llegan a tu página de aterrizaje o se registran a ver la secuencia de lanzamiento.

Esta estrategia te permite lograr mejores resultados y abaratar los costos de publicidad.

Todo esto se puede hacer porque existe un amigo que se convirtió en uno de los mejores aliados comerciales, el píxel (otra palabra de emprenduñol).

LA MAGIA DEL PÍXEL

¿Qué es un píxel?

Píxel es la unión de dos palabras, *Picture Element*, es decir, un elemento de imagen.

Una imagen tiene 16.777.216 opciones de color, el píxel es la unidad más pequeña de las unidades homogéneas de color, es decir, un cuadrito casi imperceptible.

Un píxel de conversión o de tráfico es un pequeño fragmento de código que insertamos en nuestras páginas.

Por ejemplo, la página de aterrizaje, la página de gracias, la de venta, el formulario de compra, nuestro blog, página web, etc.

Nuestras fuentes de tráfico, Facebook y Google, y sus ecosistemas (Instagram y YouTube, por ejemplo) poseen su píxel y cuando lo insertamos en nuestras propiedades virtuales permite que a las personas que han interactuado con ellas poda-

mos hacerles seguimiento en Facebook, Instagram o YouTube, o crear campañas para las audiencias que ven los videos en estas plataformas.

Esto es sumamente poderoso porque, primero, una persona que visita nuestra página de aterrizaje queda píxelada pero si se registra puedes crear una audiencia personalizada.

Así que tú puedes tener una campaña para los *leads*, otra para los que se registraron y aún no compran o para que asistan al *webinar* o a un lanzamiento.

Igual tú puedes crear audiencias personalizadas con tus prospectos que ya tienes en tu autorrespondedor o base de datos, o con tus clientes.

Si una persona te compra tu producto se excluye de la campaña, no sigue recibiendo la publicidad.

O la puedes perseguir (remarketing) en Facebook o Instagram en un caso o YouTube, Gmail, o la cadena de *display* de Google Ads, hasta que compre.

Puedes prácticamente estar presente cada vez que tu prospecto abra su computador y acompañarlo hasta que tome una decisión.

Pero eso no es todo, puedes crear una campaña de personas que se parezcan a las que ya se suscribieron o a las que ya te compraron.

Si Facebook, por ejemplo, tiene la información de tu Avatar, te busca más avatares, si tiene la de tu cliente, te busca personas que se parezcan a ese cliente, que visiten las mismas páginas, gustos, etc.

El poder es infinito, por eso te digo que nunca antes había sido tan fácil crear negocios, porque los recursos poderosos que tenemos hoy en día y mejorando, son extremadamente efectivos y a costos que antes era imposible imaginar.

Digamos que yo visito una oferta pero no compro, lo dejo para otro día, abro mi Facebook y tengo un video recordando que aún no lo hago o que el cierre de la oferta es hoy.

Mis posibilidades aumentan.

Pero más escalofriante, que un video mío salga antes que empiece el video de un competidor o alguien que está en mi mismo nicho. ¿No es poderoso?

Las redes sociales saben de nosotros más que nosotros mismos y tú puedes refinar tus campañas para atraer clientes específicos.

El tráfico pago es el mejor invento que hemos tenido los pequeños negocios, antes era prohibitivo, porque el monopolio de los medios tradicionales impide que tengas acceso a precios razonables, pero ese monopolio se ha roto y con presupuestos a nuestro alcance podemos competir y llegar a nuestros prospectos.

El tráfico pago sirve si eres un negocio físico, si vendes servicios o infoproductos, pero cuando lo unes a las estrategias de *marketing digital* que has visto, vas a ver que tus resultados se incrementan.

EL TRIÁNGULO DEL PODER

En tráfico hay 3 consideraciones importantes que debes tener.

Públicos, el *copy* o creativo de los anuncios y el presupuesto.

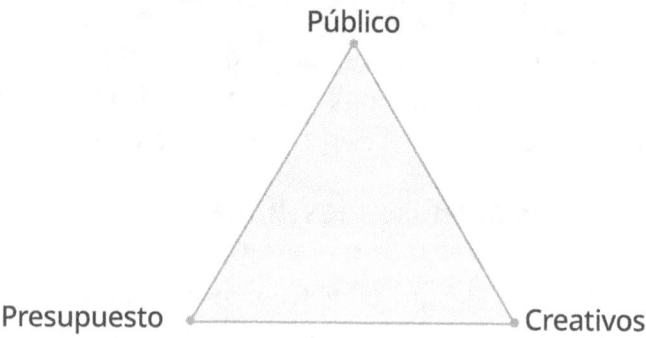

1. Públicos o audiencias

Son los segmentos que podemos crear o elegir, por ejemplo, las audiencias que ven nuestros videos.

- **Audiencias que visitan nuestro blog.**
- **O segmentaciones:**
  - Sexo
  - Edad
  - Ciudades
  - Países
  - Intereses
  - Personas que sigue
  - Páginas que visita
  - Publicaciones que lee
  - Películas que ve
  - Grupos a que pertenece.
  - Suscriptores o seguidores
  - Personas que han interactuado (me gusta, compartir, comentar)
  - Etcétera.

2. *Copy* o creativos

Estos son los anuncios, los artes creativos, textos, videos.

La función es generar interés, llamar a la acción, etc.

Podemos usar el creativo para que vean un video, o hagan clic en una página de aterrizaje para descargar un *Lead Magnet*, para registrarse a un evento o para llenar un formulario de contacto.

> Entre mejor sea el creativo, más impacto
> y más alcance podrás lograr. Y seguramente
> tu costo bajará.

3. Presupuesto

El concepto es muy sencillo.

Pregunta #1, ¿Cuántos *leads* quieres tener?

Por ejemplo, si tú envías tráfico a tu página de aterrizaje, ¿cuál es el porcentaje de personas que se registran?

Digamos que de cada 1.000 personas que te llegan a tu página 500 te dejan su correo electrónico.

Esto sería el 50 % de conversión de tu página de aterrizaje.

En nuestro ejemplo tú dices que necesitas digamos 1.000 *leads*, es decir, 1.000 personas que se registren, eso quiere decir que necesitas 2.000 clics.

Si cada clic te cuesta10 centavos de dólar, los 2.000 clics (2.000 x.10), necesitas $200 dólares.

Los 1.000 *leads* te costaron $200, es decir, que el costo por lead (CPL) es de $0.20 centavos de dólar.

Ahora, tú dices que necesitas tener esos 1.000 *leads* en 3 días.

Técnicamente dirás que necesitas 333.3 *leads* diarios, o sea, $66.70 diarios.

Así calculas tu inversión en tráfico, no es exacta porque puede variar, tampoco necesariamente vas a pagar lo que calculas, puede ser más o menos, pero tú puedes decir cuál es tu presupuesto y no salirte de él.

Cuando vuelves a realizar tu campaña, ya tienes datos más ciertos y puedes optimizar para pagar menos y obtener los mismos *leads* o más.

Ahora, ya tienes 1.000 *leads*, ¿qué sigue?

Esos *leads* son tu lista de suscriptores a quienes les puedes vender algo.

Si les hicieras una venta de un producto de $10 dólares y sólo un 5 % te comprara, venderías 50 unidades.

Es decir 50 x 10 = 500.

Pagaste 200 de publicidad, la utilidad es de $300 dólares, un ROI (Retorno a la Inversión) de 150 %.

Pero lo mejor, ya tienes una lista de 1.000 suscriptores que se pagó sola y puedes seguir vendiéndole.

Y con los números que ya tienes puedes escalar tu negocio.

Digamos que lo haces cada semana, al final del mes tienes $2.000 dólares de ventas, menos $800 de publicidad y menos $200 de costos operativos, para generar una utilidad neta de $1.000 dólares.

Puedes generar $1.000 dólares extras. ¿Un cambio en tu vida para combatir la pobreza?

¡Absolutamente!

Pero si optimizamos la operación y mejoramos las estrategias o tenemos un producto de mayor precio, la cosa cambia.

Pensemos en un producto de $15 dólares, pero con una conversión de venta del 10 %.

Serían 100 ventas semanales de $15 = 1.500, 3 veces el valor la venta y el costo de adquisición sería el mismo, $200 dólares.

Serían $6.000 dólares de ventas al mes, menos $800 de tráfico y $200 operativos, igual $5.000 de utilidad. Un ROI del 650 %.

Solamente subiendo $5 dólares el producto y mejorando la venta.

Suena fácil, pero se puede. Es típico... no, lo hemos hecho... sí.

¿De qué depende? De traer el tráfico correcto y en especial de tener el producto correcto para esa audiencia.

Lo puedes hacer empezando, sí, pero al empezar hay que ajustar, optimizar para llegar a los números correctos.

Si no tuviéramos la posibilidad de comprar tráfico tardaríamos mucho obteniendo el retorno.

La ventaja es que cuando tienes, el tráfico pago y el orgánico comienzas a dar resultados, tu negocio crece.

**El tráfico es la vitamina que te permite
a ti escalar tu negocio.**

Ahora...entendiste ¿por qué te digo que este tipo de emprendimiento es el antídoto que estamos necesitando?

Y si ya tienes tu negocio o eres un profesional, ¿sirve?

Lo que vas a vender no será un infoproducto, puede ser un servicio, una cita para tu consultorio, un *showing* para mostrar una casa, una reunión telefónica para vender tu consultoría.

Si tú sabes que el valor de vida de tu cliente es x, ya sabes que puedes invertir hasta x para adquirir un cliente. Una persona que va a tu consultorio odontológico gasta $1.000 dólares en los 2 o 3 años que está contigo.

Tú tienes $1.000 para invertir y con un cliente ya recuperaste la inversión.

Dan Kennedy, uno de los gurús del *marketing*, dice que el negocio que tiene más dinero para invertir en adquirir un cliente, se queda con el cliente, y yo agrego, y con el dinero del cliente.

Te invito a que en: **www.prohibidoserpobre.com/amazon** veas información actualizada sobre este capítulo, si algo cambia en el negocio de *marketing digital* es el tráfico.

CAPÍTULO 10

PASO #8 LA VENTA

"Sin ventas, no hay negocio"

Recuerda que el método que desarrollamos en este libro tiene una columna vertebral: Cliente, Solución y Venta.

Si has seguido el paso a paso del método, en este capítulo conocerás las estrategias más poderosas de la venta que encierra este mundo digital, los *webinars* y los lanzamientos. También te hablaré de la forma de cobrar y entregar tu material.

No se mueve una hoja en tu negocio hasta que no se produce una venta, y una venta es un proceso psicológico para llevar a un Avatar, un prospecto, a convertirse en cliente.

El proceso es similar al que vimos en la carta de ventas, pero la secuencia en el tiempo es diferente.

Yo recomiendo a mis alumnos lanzar su producto y hay dos secuencias de lanzamiento, *webinars* o lanzamientos.

La primera es una carta de ventas desarrollada en una o dos horas, la segunda, una carta de ventas horizontal desarrollada en un periodo de tiempo.

Empecemos por los *webinars* o seminarios digitales.

WEBINAR, EL ARMA PERFECTA

Un *webinar* es un evento, esa es la primera palabra y como en el caso del lanzamiento es importante enmarcar eso en tu prospecto, un evento.

Hay tres tipos de *webinars*:

Contenido: Donde nutrimos a nuestros prospectos, respondemos preguntas, generamos autoridad. Sirven como *Lead Magnet*.

De venta: Como el nombre lo dice, es un *webinar* para posicionarnos, entregar contenido, presentar la oferta, resolver objeciones y vender. Son altamente efectivos.

Perpetuo: Son *webinars* automatizados que funcionan 24/7 y te ayudan a vender de forma permanente. Si tu producto no es estacional, puedes usarlo de forma continua, alguien visita tu página, o envías tráfico y la gente llega, ve el *webinar* y compra.

Mi recomendación a los alumnos es que siempre empiecen por lanzar con *webinars* porque son mucho más fáciles de hacer, más rápido y menos estresante.

¿Se requiere tener una lista?

No, se crea la lista con el lanzamiento, pero sería aconsejable tenerla.

¿Se requiere tener un producto?

No necesariamente, tú puedes lanzar y crear el producto en vivo, es decir, ir entregando el contenido del curso semana a semana.

¿Y eso es correcto?

Claro, cuando tú empiezas puedes crear tu primer producto y tener a tus primeros alumnos como "beta testers" del mismo, es decir, que son ellos los que con sus comentarios van enriqueciendo la creación.

¿Y eso es correcto?

¿Alguna vez has comprado o visto la venta de una propiedad sobre planos?

Compras a mejor precio a cambio de ayudar a financiar el proyecto. No existe el edificio, pero se va a construir.

Es igual, tus alumnos te pagan para que tú desarrolles el curso. ¿Se puede hacer todas las veces?, no. Hay ocasiones en que la entrega debe ser completa para tener los resultados, o personas que no pueden esperar y necesitan todo el curso liberado.

Sin embargo, cuando empiezas es una excelente experiencia hacerlo en "vivo" porque escuchas a tus alumnos reales y eso te ayuda a mejorar el producto que entregas.

¿Cómo funciona un *webinar*?

Existen varias plataformas en el mercado, pero recuerda que en tecnología aparecen nuevas opciones, así que en el capítulo de recursos te hago una lista y en la página: www.prohibido-serpobre.com/amazon te actualizo la información.

Un webinar de ventas es una clase magistral que desarrollas en una a dos horas con el único propósito de presentar una oferta y realizar la venta.

Su desarrollo es similar al de una conferencia de ventas presencial y su efectividad muy parecida, es decir, después de la venta en vivo, esta venta es la que convierte a más personas en clientes.

No sé si te gusta jugar bolos o 'boliche' como se conoce en algunos países.

Si tuvieras una bola para tumbar cada pin, es muy probable que lo hagas pero el proceso es ineficiente.

Pero si hay 10 pines y los puedes tumbar con una sola bola, tu esfuerzo se reduce y tus resultados aumentan.

Una bola un pin, es una visita cara a cara con tu prospecto, una bola diez pines, es una conferencia de venta o un *webinar.*

Así que tu objetivo es llevar a la mayor cantidad de prospectos calificados a que te paguen con tiempo (el tiempo que van a estar contigo escuchándote) para que puedas hacerles una oferta y venderles.

La secuencia tiene 5 pasos:

1. Introducción

En este paso tú atraes la atención de tu prospecto generando el interés para ver el *webinar* (la A del modelo AIDA).

1.1 Enmarcas la promesa del *webinar* que por lo general está contenida en el título del mismo.

Ejemplo: 3 Secretos para triplicar tu velocidad de lectura.

Es importante que enmarques porque a nuestro cerebro le gusta saber a qué se va a exponer y cuando le dices que son 3 y no mil, el cerebro se relaja o se prepara para la experiencia.

1.2 Generas interés en el tema, cifras interesantes, beneficios, etc.

1.3 Vendes la oportunidad, por qué el momento es ahora.

1.4 Por qué tú eres la persona para hablar del tema, empieza la construcción de credibilidad.

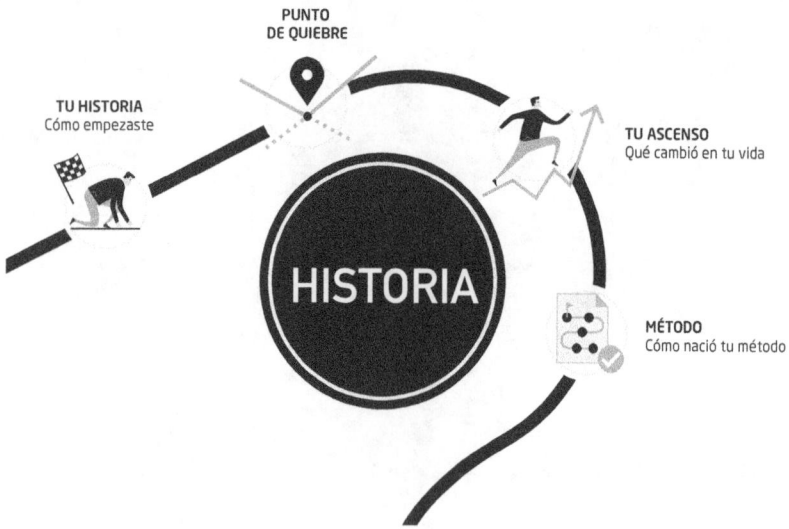

2. Historia

2.1 Las historias son fundamentales en la construcción del mensaje, esta historia es la tuya, recuerda cuando te dije que tú no eras el héroe, eso no significa que tu historia no sea valiosa, y contarla va a empatizar con tu prospecto.

Generalmente, cuando vendemos una solución es porque en algún momento de nuestras vidas nosotros hemos sido el Avatar.

Yo he estado en el mismo sitio que tú, leyendo un libro como este y pensando que quién era para tener mi propio negocio, que quizás era muy viejo para empezar un negocio en Internet a los 50. Yo soy como tú, y si te cuento mi historia vas a sentir que te entiendo.

Las historias tienen altas y bajas, no todo es color de rosa como en una telenovela, siempre hay un momento crítico.

2.2 Punto de quiebre. En tu vida algo pasó que te hizo reaccionar, en el caso de Anderson Rey fue estar durmiendo en la calle, en el caso mío tener que pagar las universidades de mis hijos que costaban un ojo de la cara. ¿Cuál es tu punto de quiebre?

2.3 El ascenso, la revelación. Anderson aprendió a arreglar lavadoras y luego gracias a Internet logró cambiar su vida, yo encontré Internet para llevar mi mensaje y me reinventé.

2.4 El nacimiento del método. Algo cambió tu vida, aprendiste algo que te sacó de ese fondo y eso te llevó a ti a crear tú "fórmula". Es importante que la gente sepa cómo nació el método.

¿Recuerdas que en el Capítulo 2 te conté cómo nació el método "Empieza Tu Negocio"?

Tú ya sabes el origen, sabes el por qué.

2.5 El problema. Recuerda que tu prospecto tiene un

problema.

2.6 El dolor. Aquí tienes que hacer énfasis en que ese problema causa dolor.

2.7 La solución. Tú con el método que creaste diste la solución a ese problema y ahí pasas a la siguiente parte.

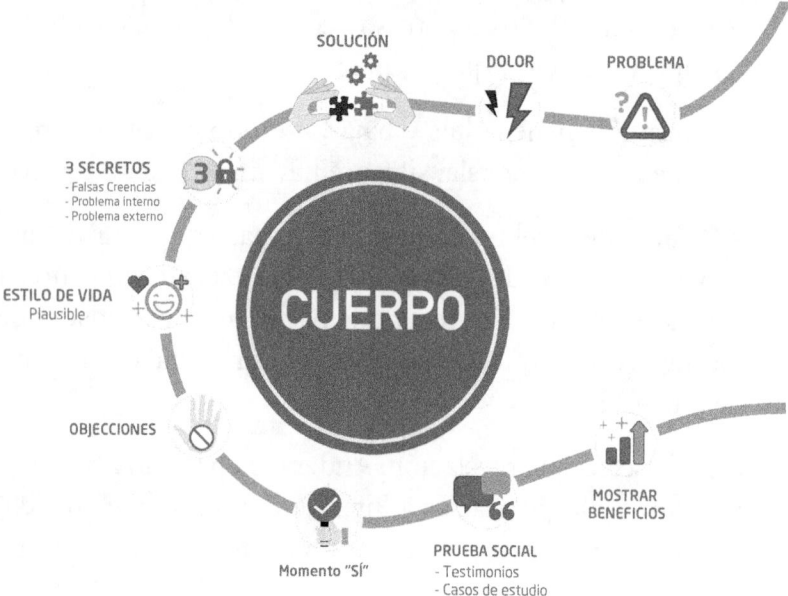

3. Cuerpo

3.1 Esta es la parte que tu prospecto estaba esperando, el contenido. Aquí entregas la promesa que hiciste.

Y lo vas a hacer bajos 3 criterios.

3.1.1. Falsas creencias, cuál crees que es el problema que tiene tu prospecto que lo detiene a comprarte. Ese problema que si tú lo resuelves, "derrumbas la pared".

3.1.2. Problemas internos, cómo el contenido que das resuelve las dudas sobre el principal problema interno de tu prospecto, por ejemplo, soy muy viejo o quién soy yo.

3.1.3. Problemas externos, por ejemplo, es que yo no sé manejar un computador, no tengo tiempo para ver el curso, no sé inglés para invertir en la Bolsa de Nueva York.

3.2 Hablas que es plausible, es decir, que sí se puede hacer y lo demuestras. Hablas del estilo de vida. ¿Te imaginas (palabra poderosa) leyendo un libro a la semana porque pudiste triplicar la velocidad de lectura? Tus calificaciones aumentarán porque leer y comprender no será un obstáculo para el aprendizaje. Y la transformación, ¿te imaginas el día que estés recibiendo tu grado porque lograste solucionar tu problema de lectura que creías imposible?

Tu prospecto se va a ver recibiendo la transformación y se va a entusiasmar y querer saber más.

Si te das cuenta, no hemos dicho que le vas a vender algo.

3.3. Resuelves las objeciones, es decir, los motivos que tu prospecto podría tener. Estás anticipándote a las preguntas que se hará tu prospecto, le estás hablando ahora al cerebro racional.

3.4. Prueba social, usarás testimonios, casos de estudio para demostrar que otras personas lo han logrado. Por ejemplo, Víctor usó el método ETN y pudo pagarle la deuda a su abuelo y cumplir el sueño de su madre. Carolina pudo ver crecer a su hija, etc.

3.5. Hablas de los beneficios de tener la solución y ahora si...

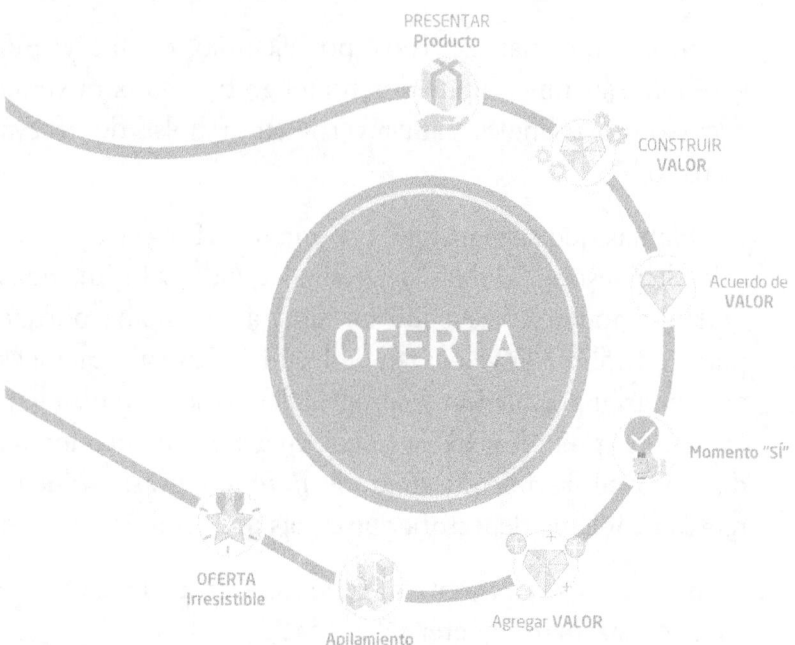

PRESENTAR
Producto

CONSTRUIR
VALOR

Acuerdo de
VALOR

OFERTA

Momento "SÍ"

OFERTA
Irresistible

Apilamiento

Agregar VALOR

4. Oferta

4.1 Presentas tu producto, ese "puente" entre estar dando contenido y vender, es el más importante del *webinar*. La mayoría de las personas dañan la venta porque transmiten inseguridad y una venta se puede matar en ese momento.

Yo entreno a mis alumnos para hacer una transición que les permita dar el paso y crear el deseo del prospecto en conocer la oferta.

4.2 Comienza la construcción de valor y acuerdas el precio del producto con tu prospecto. Ir a la universidad y aprender todas las estrategias de *marketing digital* te podría costar, perfectamente $5.000 dólares, eso es lo que vale un semestre en una universidad como la UNAM, los Andes, el Tec, la Carlos III, etc. ¿Estás de acuerdo?

4.3 Apilamiento, aquí construyes tu oferta.

4.4 La haces irresistible agregando más valor y...

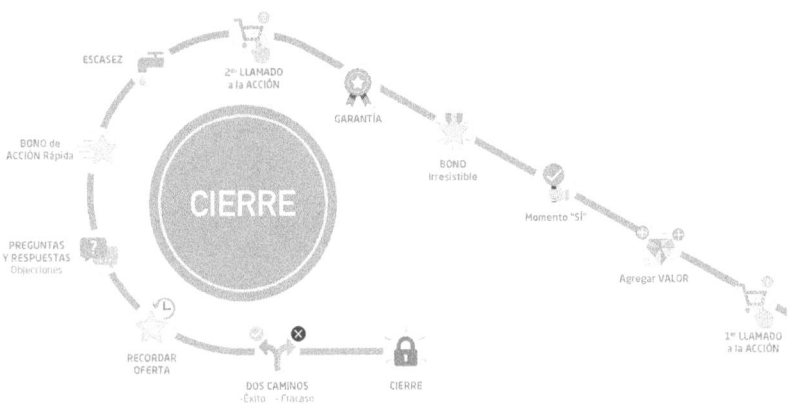

5. Cierre

5.1 Primer llamado a la acción, ve a la página: www. empiezatunegocio.com ahora mismo para ser parte de nuestra Misión, tener emprendedores exitosos gracias a su negocio digital y convertirte en mi próximo caso de éxito.

5.2 Agregas un bono que haga que la gente se "levante de la silla" para comprar.

5.3 Reviertes el riesgo dando una garantía de devolución

del dinero en un término de días (7, 14, 30, 60). El término prudencial.

5.4 Haces tu segundo llamado a la acción.

5.5 Y aquí llega la escasez, hablar con el cerebro reptiliano. Esta oferta es por tiempo limitado, sólo para los primeros 10, etc.

5.6 Agregas si es necesario un bono de acción rápida para los asistentes al *webinar* solamente.

5.7 Respondes objeciones, preguntas, presentas casos de estudio.

5.8 Recuerdas la oferta.

5.9 Hablas de las dos opciones, lo que gana si compra, lo que pierde si no lo hace.

5.10 Te despides.

El proceso completo puede durar entre una y dos horas, tu oferta debe presentarse entre el minuto 50 y la hora.

La conversión de venta es de aproximadamente entre el 5 al 10 por ciento de los asistentes.

¿De qué depende? De ti, de la calidad de la oferta, pero lo más importante de la calidad de la audiencia.

¿Comprarán todos? No, pero la venta no termina en ese momento.

Tu siguiente paso es que los que no asistieron, usualmente entre el 75 y 80 por ciento de los registrados, vean la repetición.

Y que el 25 al 30 por ciento que vieron y no han comprado, compren.

¿Cómo haces este seguimiento? A través de correos electrónicos, campañas de *retargeting* en Facebook y/o YouTube para irle recordando la compra y finalmente cierras, y el día de cierre se produce el 30-40 por ciento de las ventas.

Siempre hay personas que compran durante el *webinar*, después del *webinar*, unas horas después dependiendo de la escasez que tengas o al final cuando saben que la oferta se acaba.

Cuando has repetido este proceso varias veces y lo has optimizado, vas a poder pensar en automatizarlo. Un *webinar* que no convierte si lo automatizas no va a funcionar.

TU PLATAFORMA DE DESPEGUE: 10, 9, 8, 7, 6...

Cada septiembre durante la presentación de la compañía, Tim Cook, el CEO de Apple, hace el anuncio esperado, el lanzamiento del nuevo iPhone, ese día Cook y todo su equipo hablan del nuevo diseño, beneficios y características.

Tim Cook revela el precio y dice que el iPhone estará disponible una semana después en las tiendas.

Meses antes de esa fecha ha comenzado el pre prelanzamiento del teléfono cuando de forma "misteriosa" aparece un modelo olvidado por un empleado de la compañía en un bar o una filtración de una foto en un portal de rumores del iPhone.

Las redes comienzan a opinar sobre las nuevas prestaciones, si la cámara, la pantalla, si esto o lo otro. Se especula el nombre y si tiene o no tiene algunas cosas que el público estaba pidiendo a gritos.

Durante ese proceso la empresa, escucha y va creando uno de los gatillos mentales más poderosos del *marketing*, la anticipación.

El famoso Keynote de la empresa, es el prelanzamiento y la aparición del teléfono en las tiendas, es el lanzamiento del producto.

Cada fase tiene una razón de ser, ir generando el deseo, dar las razones, crear compromiso y una anticipación casi febril.

Días antes del lanzamiento, hay personas que construyen tiendas de campaña para dormir frente a los Apple Store y ser los primeros en comprar. Las filas son interminables y a la hora de abrir la tienda, la gente se lanza frenética para ser los primeros en tener el nuevo teléfono en sus manos.

Unos días después aparece en la prensa que ha sido tan grande el éxito del teléfono que se han agotado las existencias y que los nuevos pedidos llegarán una vez termine la nueva producción en unas semanas.

La gente se avalancha a la tienda para lograr acabar con los teléfonos que queden y reservar el suyo antes de que se agote la nueva producción.

Para una persona que sabe de negocios esto sería un error

garrafal de Apple el no prever la suficiente cantidad de teléfonos para el lanzamiento. Para alguien que sabe de *marketing*, sabe que es una estrategia brillante para incrementar la venta y generar más demanda, es escasez pura.

Al final, el iPhone logra récord de ventas y al año siguiente, el proceso vuelve a empezar con el nuevo modelo.

¿Pensarás y esa estrategia sólo la aplica Apple?

¿No te has dado cuenta que este proceso ha pasado con las películas que has visto en cartelera?

Recuerdo haber tenido que llevar a mi hija a ver el estreno de "Crepúsculo" a las 12:01 a.m. porque todas las compañeras querían ser las primeras en verla.

Un lanzamiento es un proceso psicológico, una carta de ventas horizontal con una secuencia de tiempo.

Jeff Walker introdujo este concepto al mercado y creó Product Lunch Formula, una secuencia basada en disparadores mentales que llevan al prospecto a comprar.

Con el tiempo se han introducido variaciones a la fórmula, cambios por la aparición de nuevos recursos, pero la esencia es la misma y a Walker se le agradece haber creado una metodología que nos ha ayudado a mejorar nuestros negocios.

¿Por qué hacer un lanzamiento?

1. Creas lista ✓

2. Te posicionas como la persona que tiene una solución ✓

3. Te das a conocer ✓

4. Creas un activo ✓

5. Compartes tu mensaje ✓

6. Ganas dinero. ✓

Aunque es un proceso avanzado, estresante, es adrenalina pura y sus resultados son evidentes. He tenido la oportunidad de realizar muchos lanzamientos, míos, con socios, y con alumnos. Tener mucho éxito, haber ganado mucho dinero, mucha experiencia, pero todos los días se aprenden nuevas cosas que sólo se logran lanzando.

No lo recomiendo a mis alumnos inicialmente porque hacer un lanzamiento bien hecho requiere preparación, esfuerzo, experiencia e inversión y prefiero que mis alumnos aprendan paso a paso antes de pensar en escalar.

Mi negocio no sería el que es si yo no hubiera realizado lanzamientos y me arrepiento de no haber hecho más.

Llegará tu momento porque como yo digo, no hay lanzamiento sin sufrimiento.

Los disparadores mentales

Robert Cialdini escribió el libro "Influencia" y este libro es la base de la psicología que se usa en los lanzamientos.

Los seres humanos reaccionamos a ciertos disparadores mentales.

Anticipación, Autoridad, Conversación, Desapego, Escasez, Evento, Prueba social, Reciprocidad, Sorpresa.

La clave es usar estos disparadores en nuestras piezas de prelanzamiento para generar el deseo de compra cuando abramos el carrito de venta.

Recuerda que tu lanzamiento es un evento, por ejemplo, yo tengo la semana del emprendedor, la semana de la venta, hicimos el *reality show*, archivo secreto, etc.

La gente se prepara para verlos.

FASES DEL LANZAMIENTO

Pre prelanzamiento

Vamos creando la anticipación, hablamos de que algo viene, pedimos incluso a los suscriptores que nos den sus opiniones sobre lo que consideran debemos explicar en el curso.

Plantamos la semilla, vamos generando autoridad.

Prelanzamiento

1.Video 1

1.1 Mostramos la oportunidad (el tema, por qué ahora)

1.2 Posicionamiento (por qué tu)

1.3 Tú historia

1.4 El nacimiento del método

1.5 Dar valor, enseñar y desbaratar la creencia limitante

1.6 Hablar del dolor

1.7 Generar anticipación sobre lo que sigue (dejar la expectativa)

1.8 Invitar a comentar

1.9 Dar un regalo (Descargable).

2. Video 2

2.1 Recapitular lo visto en el anterior

2.2 Mostrar que es plausible

2.3 Resolver objeciones

2.4 Mostrar pruebas (testimonios casos de éxito)

2.5 Dar valor, desbaratar el problema interno

2.6 Agitar el problema (Dolor)

2.7 Generar expectativa con el siguiente video

2.8 Hablar de la solución (producto)

2.9 Invitar a comentar.

3. Video 3

3.1 Recapitular lo visto

3.2 Mostrar la prueba, resolviendo objeciones

3.3 Presentar la solución (hablar del producto)

3.4 Más prueba, casos de éxito

3.5 Experiencia de uso (que el prospecto se imagine teniendo el producto)

3.6 Dar valor, desbaratar problema externo

3.7 Hablar de la oferta sin dar precio

3.8 Hablar de la transformación

3.9 Sembrar la escasez

3.10 Hablar de la apertura (dar instrucciones)

3.11 Invitar a comentar

3.12 Lista prioritaria (opcional).

Lanzamiento

Video de lanzamiento (Video-carta de ventas)

1.1 Llamar la atención

1.2 Prueba social (Testimonios)

1.3 Hacer el anuncio (Solución)

1.4 Agitar el problema

1.5 Construir el deseo

1.6 Contar tu historia

1.7 Más prueba

1.8 Resolver objeciones

1.9 Presentar la oferta

1.10 Apilamiento

1.11 Acuerdo de valor

1.12 Llamado a la acción

1.13 Bono irresistible

1.14 Apilamiento

1.15 Garantía

1.16 Segundo llamado a la acción

1.17 Escasez

1.18 Bono de acción rápida

1.19 Resolver objeciones

1.20 Recordar oferta

1.21 Dos caminos (lo que pasa si compra o no compra)

1.22 Cerrar con historias o testimonios.

Este es el proceso de un video-carta de ventas que se publica en tu página de ventas o blog de lanzamiento acompañado de un pequeño resumen de la oferta y el botón de pago.

Usualmente si tienes testimonios debes ponerlos debajo para ayudar a tu prospecto a tomar decisiones.

Postlanzamiento

Durante este proceso tú haces el seguimiento con los correos a la lista del lanzamiento, hablas de la oferta, los bonos, si es necesario agregas nuevos bonos, introduces nuevas formas de pago, haces un evento y después hablas de la escasez y anuncias el cierre.

Cierre

Usualmente un día antes del cierre yo hago un evento en vivo por YouTube Live o Facebook Live para anunciar el cierre de la promoción, es una maratón de 2, 4 o 6 horas con un esquema, contenido, venta, prueba, venta.

Se invitan casos de éxito, personas que puedan dar fe de la efectividad del programa, respondes inquietudes, y llamas a la acción.

Son muy efectivos y ayudan a tu prospecto a tomar decisiones.

Son opcionales, realmente han sido aportes que no están en ninguna fórmula, pero que nos han dado resultado.

Reapertura

Esta es una opción que puedes usar, reabrir unos días después por 48 o 72 horas para darle la oportunidad a la gente que te compre o extender, 24 o 48 horas el plazo a última hora.

El consejo es que si relanzas no reabras, espera que la gente vea de nuevo el proceso y estará presta a comprar a tiempo.

Recuerda que una persona no compra quizás por el tema económico o porque aún no está convencida o no es consciente del problema, pero si le das la oportunidad de nuevo de ver el proceso quizás sienta que ya es el momento de hacerlo.

TIPOS DE LANZAMIENTO

1. Semilla.

Este lanzamiento es el primero que realizas, usualmente lo haces cuando no tienes una lista y quizás no tienes un producto. El único fin es crear el producto.

2. Interno

Para este lanzamiento requieres tener una lista. Es un producto para la gente que te conoce.

3. Rápido

Son lanzamientos de un día o corto tiempo (promoción de *Black Friday*, Cumpleaños, Navidad). Usualmente a tu lista y con el único propósito de generar flujo de efectivo.

4. Externo

Lanzamientos tradicionales con las 3 piezas promocionales con afiliados.

5. Relanzamiento

Es básicamente volver a lanzar el producto con las mismas piezas promocionales.

6. Perpetuo

Crear una automatización del proceso y pagar tráfico nuevo para que lo vean. Este proceso se puede usar si tu producto es algo que se pueda vender en cualquier momento.

7. En vivo

Es el mismo proceso del lanzamiento tradicional de 3 piezas promocionales realizado en directo, bien sea clases en *streaming* o presenciales en vivo.

8. Meteórico

Lanzamiento de 4 días en WhatsApp con una oferta especial solo para las personas que se unan al mismo. No tiene contenido, no tiene piezas promocionales, se trabajan los gatillos de pertenencia, y la escasez.

9. Invertido

Comenzar el proceso vendiendo a precio especial usualmente en un *webinar* y luego liberas los videos de prelanzamiento para las personas que no tomaron acción y remates con el video-carta de ventas o la carta de ventas.

10. Silencioso

Un lanzamiento que solo ocurre en Facebook, Instagram o WhatsApp, solo tráfico pago y que únicamente esa audiencia puede ver.

11. *Webinars*

Tiene dos variaciones, el que vimos en este mismo capítulo y otro que es usar 3 *webinars* con la misma psicología en lugar de los 3 videos.

12. Retos

Invitar a un reto de 5, 7 o 21 días para calentar al prospecto, crear la anticipación para luego abrir la venta o invitar al *webinar* o al lanzamiento tradicional.

El estilo de lanzamiento puede variar pero el principio psicológico debe ser igual o parecido para lograr el efecto deseado, que el prospecto esté ahí listo para comprar cuando abras la oportunidad de hacerlo.

CÓMO COBRAR

Tu carta de ventas o tu página donde se encuentra el video o blog de lanzamiento tiene el botón de pago.

Tú configuras ese botón con el procesador de pago que vayas a realizar, usualmente PayPal o compañías especializadas como Clickbank y Hotmart, las dos son excelentes empresas con años de trayectoria.

En la zona de recursos te doy información de estas empresas.

El uso de estas compañías es importante porque te ayudan con el proceso de pagos con las tarjetas de crédito o PayPal, en el caso de Hotmart incluso en sitios de pago local en algunos países y transacciones bancarias.

Esto te libera tiempo en la administración y brinda claridad tanto a ti, como a los afiliados y clientes.

¿QUÉ ES UN AFILIADO?

Un afiliado es un vendedor, es una persona que quiere promocionar tu producto porque tiene listas similares o porque busca ofertas buenas para promocionar.

Usualmente las comisiones de venta en el negocio digital son del 50 por ciento, pero depende del productor, en este caso tú.

Incluso puedes dar hasta el 100 por ciento. Y dirás ¿y qué gano yo si pago el 100 % de comisión? La lista.

Cuando empiezas, motivar a un afiliado que tiene los clientes que tú quieres alcanzar, bien los valdría.

Para motivar a un afiliado a veces tienes que organizar concursos en los lanzamientos y dar premios a los de mayor venta.

¿Cómo consigo afiliados?

En los mercados de Hotmart y Clickbank tu puedes subir tu producto para que afiliados que están a la caza de buenas ofertas lo promuevan.

CÓMO ENTREGAR EL PRODUCTO

Cuando acaba el lanzamiento, comienza realmente el trabajo.

Tu misión es entregar lo que vendiste y dedicarte a que tu cliente tenga éxito.

El primer paso es la entrega del material. Lo ideal es crear una zona de miembros donde tu cliente ingresa con una clave para que pueda tener acceso al material.

Para que veas un ejemplo, hemos creado para ti una zona de alumnos.

Cuando vas a la página: **www.prohibidoserpobre.com/ amazon** te vas a registrar y vas a tener acceso a tu zona de recursos donde tienes todo el material capítulo por capítulo.

Además te preparé material complementario.

Es como si hubieras comprado un curso, pero quiero que este libro sea práctico y esta es la mejor manera de lograrlo.

Además, te invitaré a eventos virtuales complementarios.

220   www.prohibidoserpobre.com

Eso mismo podrás hacer tú con tus alumnos.

En la zona de recursos te reseño sitios de membresías y la compañía Hotmart tiene una zona gratuita llamada Hotmart Club que puedes usar para las compras procesadas por ellos.

¿Ya estás listo?

Parece un poco difícil pero cuando tienes mentores, el camino se despeja.

CAPÍTULO 11

PASO #9 EL SISTEMA

Felicitaciones, si has llegado a este capítulo y has aplicado todo lo que has leído es porque ya tienes un negocio y lo quieres escalar.

El éxito en los negocios no es trabajar en ellos, es que ellos trabajen para nosotros.

La causa de mayor deserción en los emprendimientos es el desgaste, el cansancio que genera un negocio cualquiera que este sea. Tú tienes que aprender el concepto de la sistematización de tu negocio, crear procesos que puedas repetir o automatizar para lograr que tu negocio trabaje mientras tú estás en la playa divirtiéndote.

Si crees que los negocios por Internet son "cajeros automáticos" estás leyendo el libro equivocado. Hay mucho trabajo, pero vale la pena cada minuto que inviertes en él.

La ventaja es que puedes usar herramientas que tenemos en Internet para generar ventas constantes y automatizar las mismas creando sistemas.

EL ARTE DE MAXIMIZAR LA VENTA

Te voy a contar una historia.

Hace un par de años el Día de la Madre le regalé a mi esposa una camisa deportiva de manga larga para protegerse del sol. Fui a una tienda y la compré, sin embargo, a ella no le pareció útil y decidió devolverla.

Al llegar a la tienda le dieron por la devolución un cupón de descuento del 20 % en su siguiente compra. A la salida vio un hermoso kayak en promoción, se devolvió y le dijo a la dependiente si podía aplicar el cupón a la compra del kayak.

Con la noticia de que sí lo podía hacer, me llamó para decirme lo fabuloso que sería salir a navegar en el kayak por la bahía.

Unas horas más tarde, estábamos en la tienda comprándolo, pero el kayak necesitaba un remo y un par de guantes, así que agregamos los accesorios a la compra. Al día siguiente salimos por turnos a estrenarlo.

"Creo que navegar es delicioso pero sería mejor hacerlo acompañado, ¿qué tal si compramos otro kayak?", me dijo mi esposa.

Así que fuimos a la tienda de deportes y ya se había agotado la promoción.

Una semana más tarde, estábamos de nuevo en la tienda para comprar un kayak para mí como regalo de Día del Padre y la historia volvía a empezar, remo, guantes, accesorios.

Al llegar a la casa con el nuevo kayak descubrimos un pequeño detalle, ¿cómo vamos a poner en el techo del auto los dos kayaks?

Por supuesto tuvimos que regresar y para hacerles el cuento corto, volvimos a la tienda a comprar un trailer para llevar los kayaks a la playa.

Disfrutamos el domingo los dos juntos navegando por la bahía y esa noche me dice mi esposa, "creo que ahora si voy a necesitar la camisa de manga larga que me regalaste".

No te cuento cuál fue el destino de los kayaks porque ya lo imaginarás.

Este es un embudo de ventas, nuestros clientes entran, hacen la primera compra y nosotros vamos maximizando la venta con productos que cobran sentido en lo que el cliente quiere solucionar.

Y aquí surgen varios conceptos, el *upselling* o ventas de mayor precio, *downselling* ventas de mejor precio, *OTO*, ofertas de única vez, y *Cross Selling* o ventas cruzadas.

> **El propósito de estas estrategias es aumentar el valor de la venta. Lo conocemos como el ACV (*Average Cart Value*), promedio de venta del carrito de compra.**

Tú puedes perder dinero en la primera venta o pagar el costo de adquisición del cliente, y hacer el dinero en el resto del embudo.

Si no hubiese existido ese cupón, mi esposa no hubiera comprado el primer kayak, y sin el segundo kayak no hubiéramos comprado todo lo demás.

¿Qué es un *upsell*?

Llegas a McDonald's y ordenas una 'Big Mac' con gaseosa y papas fritas, ya la cajera tiene tu tarjeta de crédito y antes de procesar la compra te dice: "¿le gustaría agrandar el pedido por 99 centavos?". Si estás en un restaurante de comida rápida no creo que sea por la calidad de la comida, sino por el hambre que tienes, así que las posibilidades de que digas sí, son altas.

Y una vez que dices sí… De nuevo surge otra pregunta: ¿Y un helado por 99 centavos?

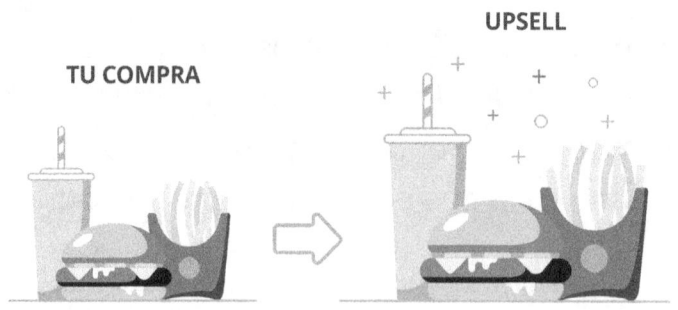

El propósito es incrementar la venta.

¿Y un *downsell*?

Ahora pensemos que dijiste no a la primera oferta, la cajera te dirá: "¿le gustaría acompañar la hamburguesa con una porción de guacamole por 50 centavos?

Lo peor que puede pasar es decirle no, pero si le dijiste sí, se agregaron 50 centavos más a tu compra y la cajera vuelve al ataque: ¿y un helado por 99 centavos? De nuevo un *upsell*.

$0,99

UPSELL

DOWNSELL

En el *marketing digital* es igual, acabas de comprar un curso de lectura rápida, y en la página de gracias aparece un video que te dice: "hola, felicitaciones por tu compra del curso para aumentar tu velocidad de lectura, por eso te quiero hacer una oferta de única vez, tenemos el curso de memoria que te ayudará a mejorar no sólo la retención de lo que lees sino tus técnicas de aprendizaje. Este curso en esta oferta de única vez tiene un valor "X$", solo haz clic para agregarlo a la compra.

Si tu respuesta fue, no; enseguida verás: "entiendo tu decisión pero qué te parece si dividimos el pago en 3 cuotas mensuales de "Y$". O algo como: "comprendo que no puedas tomar el curso de memoria, pero qué tal si tomas el curso Cómo mejorar la calidad de aprendizaje por un valor "Z$".

O un *Cross selling* (ventas cruzadas), "gracias por comprar el curso de lectura rápida, mi amigo Luis Eduardo tiene el curso "Dobla Tu Productividad" y me ha permitido ofrecerlo a mis alumnos a un precio superespecial de "X$".

Este es un producto relacionado que le puede servir a tu cliente, no es tuyo pero tú lo puedes vender y ganar comisión como afiliado.

Como en la historia de mi esposa, lo importante no es cuántas ventas haces, lo importante es cuánto dinero en promedio te deja cada venta.

Esto te permite calcular cuántos clientes necesitas que te compren para generar los ingresos promedio del embudo.

Si sabes que de 1.000 *leads*, 50 se convierten en clientes y que de ellos 5 te compran el *upsell* #1(10 % de conversión), 10 el *downsell* (20 % de conversión), y una persona compra el *upsell* #2, etc. Puedes calcular el valor promedio de todo el embudo, eso te va a permitir saber cuántos leads necesitas para ganar el dinero que quieres ganar.

Veamos el ejemplo:

1.000 *leads*

50 clientes   **X** $50 dólares   = **$2.500**
(5% de conversión)   (valor del producto)

Upsell #1:   5 ventas x $100 dólares   = **$500**
(valor del upsell)

| *Downsell* #1: | 10 ventas x $10 dólares | = **$500** |
| | (valor del downsell) | |

| *Upsell* #2: | 1 venta x $500 dólares | = **$500** |
| | (valor del upsell) | |

El **total de la venta de embudo** es de:

2.500 + 500 + 100 + 500 = **$3.600 dólares.**

Promedio de compra del carrito (AVC):

$3,6 dólares por *lead*.

Es decir, que si quieres facturar $10.000 dólares, necesitarías 2.778 *leads*.

Si sabes el costo del *lead* que vimos en el capítulo anterior, puedes determinar cuánto necesitas de inversión.

Para hacerte la cuenta fácil: si tu *lead* te cuesta 50 centavos, tener 2.778, te costaría $1.389 dólares. Inviertes $1.389 dólares para vender $10.000. Tú podrías pagar *leads* calificados a 2 dólares y seguiría siendo muy buen negocio.

Entre mejor sea la calidad del *lead*, más posibilidades tienes de vender.

Ten la seguridad de que puedes generar dinero en una venta, pero la puedes multiplicar si tienes *upsells*, *downsells*, etc., en tu embudo de ventas.

LOS EMBUDOS, EL "SANTO GRIAL" DEL NEGOCIO

Tu página de Internet está muerta, lamento darte esa noticia, pero es la verdad.

Tu *website* no vende, y si no vende no sirve, lo debes reemplazar por un embudo de ventas, pero ¿qué es un embudo de ventas?

Simple, todo lo que has visto en este libro.

> ## Un embudo es el viaje de tu prospecto
> ## por el camino de la compra.

En 1898 el pionero de las ventas que mencionamos antes, Elías St. Elmo, desarrolló una herramienta de venta que llamó el "embudo AIDA", donde básicamente mostraba cómo en cada fase del proceso íbamos filtrando los prospectos hasta convertirlos en clientes.

Este fue el proceso que hemos usado por años, pero Internet permitió que el embudo se ensanchara para parecerse más a un acueducto.

Se encontró que había mucha pérdida en el camino. Un cliente que ya nos había comprado podía comprarnos de forma inmediata otro producto o varios productos.

Y eso rentabilizó la compra, ya la amortización del costo de adquisición se podía realizar con el primer producto del embudo o *funnel* y así generar utilidades en los siguientes pasos, *upsells, downsells*, etc. Al fin y al cabo si el cliente compraba, ya estaba en modo de compra, nosotros teníamos su tarjeta y podíamos hacerle otras ofertas que requerían menos esfuerzo.

Si ya tu habías generado confianza para producir una venta, ¿cuál era el problema para seguirle vendiendo?

La mayoría de los negocios viven de una sola venta y el esfuerzo es muy grande, pero cuando implementas esta estrategia multiplicas tus ingresos.

¿Qué necesitas?

Ofertas.

Si ya tienes un cliente que compra, piensa qué más puede necesitar para venderle en ese momento.

Recuerda cuando hablamos del *Tripwire*.

Si yo compro unos gemelos o mancuernas, es porque tengo una camisa francesa, no es cualquier camisa, es una camisa elegante que se utiliza con un buen traje.

Así que tu prospecto entra a comprar las mancuernas, se le ofrece una camisa, luego el traje, el cinturón, los zapatos, etc.

El costo de adquisición lo pagas con el valor de las mancuernas, es decir, puedes perder incluso dinero en esa primera venta, pero ya tienes el cliente, tienes su tarjeta, así que venderle algo será más fácil.

Tú compras mi curso "Empieza Tu Negocio", luego te hacemos un *upsell* a la compra de un *"Mastermind Élite"* para ayudarte a implementar con acompañamiento de un *coach*, si dices que no, te ofrecemos nuestra suscripción anual al Instituto de Negocios, si dices que no, te ofrecemos la suscripción mensual. Si llegaste a decir sí en la oferta Élite, te ofrecemos un *Bootcamp* de alto precio para ayudarte a hacer realidad tu negocio.

Si tú construyes varios embudos, simplemente diriges tráfico a cada uno de ellos y es como si estuvieras construyendo pozos de petróleo y oleoductos por donde fluye dinero.

Tener tu embudo es como tener tu propio pozo petrolero que te genera riqueza de forma constante.

¿Y los embudos funcionan para un agente inmobiliario o cualquier otro profesional?

¿Recuerdas el caso del doctor B?

El doctor Burleson atrae a su prospecto con un *Lead Magnet*, lo lleva de la página de aterrizaje a una página de gracias para construir autoridad y le entrega lo ofrecido.

Con la información del prospecto, el doctor B lo nutre con videos, agenda una cita para una limpieza gratuita.

El recordatorio de la cita lo hace por correo electrónico y el día que el paciente aparece en la consulta, le ofrece el primer *upsell*, blanqueamiento de los dientes.

Luego una evaluación para venderle el producto principal, el tratamiento de ortodoncia.

Luego un plan especial de paciente preferente para otros servicios y un programa de lealtad para referidos.

Burleson sabe que tiene $3.600 dólares para invertir porque ese es el valor que le paga un cliente en promedio.

Sin el embudo el costo de la publicidad sería alto de sufragar, pero el tema es de números sencillos, cuántos *leads* necesito para convertir un cliente y cuánto puedo venderle a ese cliente en todo mi embudo.

No tener un embudo de ventas es como tirar dinero a la basura.

CÓMO AUTOMATIZAR

Estaba en Praga en la República Checa mientras mi "clone" estaba dictando un *webinar* de ventas. Yo podía estar de vacaciones en una de las ciudades más hermosas del mundo y a kilómetros de distancia un *webinar* automatizado estaba trabajando por mí.

¿Cómo funciona?

Haces tú *webinar*, lo ensayas, lo dictas y cuando encuentras el mejor, el que más te haya convertido lo grabas y lo automatizas.

Existen herramientas que te permiten automatizar tus *webinars*. En tu zona de recursos te menciono algunas y recuerda que en: **www.prohibidoserpobre.com/amazon** te actualizo las mismas.

Tú subes la grabación a una de estas plataformas, programas la fecha o fechas en las cuales saldrá el *webinar* al aire y envías tráfico a la página de registro. La gente deja sus datos y escoge la fecha para ver el *webinar*.

La plataforma envía los recordatorios y en el día y hora indicada tu "clone" comienza la charla de ventas. Puedes estar 'literalmente' trabajando permanentemente.

Para productos que no son de temporada son ideales porque en cualquier momento alguien ve la información, se interesa, se registra, asiste al *webinar* y si este es bueno, la gente lo compra y esto de forma perpetua.

Es una de las mejores formas de generar ingresos constantes.

¿Funciona para siempre? No. Seguramente tienes que actualizar con el tiempo la información, pero si la oferta es buena y la gente que llevas al *webinar* es la apropiada, vas a tener ventas y no tienes el desgaste de estar trabajando cada vez que quieras vender, serán ventas en piloto automático.

Además, el *webinar* es el inicio de tu embudo, en el *webinar* haces la venta de un producto principal y luego puedes hacer ventas incrementales o ir escalando a tu cliente para ventas de productos de mayor precio.

ESCALA TU NEGOCIO

La clave en este capítulo es entender cómo se escala un negocio.

No puedes escalar nada, si no lo has probado.

Así que lo primero es lanzar tu producto, analizar los números, costo por *lead*, costo de adquisición, de conversión, etc.

Si no lanzas no podrás tener esta información.

Luego corriges.

- Lo primero que analizas es la oferta, ¿convirtió bien?, ¿se puede mejorar?

- Luego el tráfico, ¿el costo por *lead* se puede bajar?

- ¿Cuál es el presupuesto que debo destinar para tener los *leads* necesarios para generar las ventas que quiero?

- ¿Qué público (audiencias) fue el que más invirtió?

- ¿Puedo escalar las campañas?

- ¿Qué es escalar las campañas?

- ¿Hay suficiente audiencia para alcanzar?

- ¿Tengo el presupuesto para hacerlo?

- ¿Si invierto dinero cuándo tengo el retorno a lo que invertí?

- ¿Cuál es mi utilidad?

- ¿Cuánto puedo reinvertir?

- ¿En cuánto tiempo lo debo hacer?

Todas estas variables te permiten analizar la escala, el crecimiento del negocio.

Luego de analizar y corregir, vuelves y lanzas, corriges, comparas resultados, corriges, comparas y escalas.

Si me preguntas que si puedes vender millones en tu primera promoción, te digo que es posible —no es típico que lo hagas pero se puede—, y si corriges, creces, y lo sigues haciendo, las posibilidades de que lo logres aumentan.

La perseverancia es la clave de la prosperidad, tu economía puede ser completamente diferente si lanzas tu producto o servicio, pero si lo sigues lanzando, mejorando y escalando, tus ingresos no tendrán límite.

La riqueza está en ti.

Hemos llegado al final de la etapa de la conversión y al final del método, siento nostalgia que te despegues del libro, pero "Prohibido Ser Pobre" fue diseñado para que lo leas una vez y luego lo leas capítulo por capítulo, implementando todo lo que has visto y con la ayuda del material complementario.

Este es tu manual para la prosperidad, el antídoto para la pobreza. Tú puedes hacerlo por eso cierra los ojos y di:

¡¡YO SOY UN EMPRENDEDOR IMPARABLE!!

CAPÍTULO 12

EPÍLOGO

Eran las 9 de la mañana del lunes 11 de febrero de 2019, abrimos una nueva misión del curso "Empieza Tu Negocio", estaba todo mi equipo y yo esperando que llegara el momento. Decidí transmitir por Facebook Live el conteo: *vamos a abrir la Misión 2019, ¿quién será la primera persona en hacerlo? Diez, nueve, ocho, siete, seis, cinco…,* la cuenta se hacía interminable, la gente en el chat estaba expectante. Mónica Montoya y su esposo César estaban en Sidney, Australia.

Unos días antes Mónica, una colombiana que vivía hace varios años en ese país, embelesada viendo los videos de lanzamiento llamó a su esposo para comentarle lo que este señor de pelo blanco estaba diciendo. Juntos vieron los videos y fue él quien dijo, tenemos que ser parte de la Misión. César había dispuesto dos computadores que refrescaba a cada instante esperando que apareciera el botón de pago.

Los alumnos no sabían el precio aún, había preparado un video-carta de ventas de 26 minutos donde daba toda la información detallada, *cuatro, tres...* Cristina Corral en España con nerviosismo actualizaba la página, pero de la angustia oprimió el botón equivocado, *dos, uno...*

Un silencio eterno pasó en ese segundo, *cero...* mi voz se detuvo, y 22 segundos más tarde el sonido del *cashing* de la aplicación de la pasarela de pago anunciando la primera venta, retumbó en el lugar.

Adela Fernández desde Tenerife, España, había logrado ganarles la carrera a César y Mónica, Cristina llamó unos minutos más tarde llorando al saber que no había logrado ser la primera.

Las ventas entraban una por minuto, el *cashing* sonaba como una melodía para nuestros oídos, todo mi equipo estaba atendiendo a los clientes que llamaban desesperados por saber si habían logrado ingresar al curso.

Fue una experiencia increíble, no sabían el precio, no vieron el video-carta de ventas, se había hecho un trabajo impecable para enamorar a un prospecto que desesperadamente quería ser parte de la misión de "Empieza Tu Negocio", ser mi próximo caso de éxito.

Estábamos frente a un lago, lejos de una oficina, en una zona rural con un servicio de Internet limitado y personas desde diferentes partes del mundo estaban ahí pendientes de oprimir un botón para dejar su tarjeta de crédito.

Yo hablo de esto porque lo vivo, porque lo gozo, me apasiona, decidí escribir este libro porque es parte de mi cruzada, quiero tener un millón de millonarios y tú serás uno de ellos.

Un día, no estaré aquí, pero estará este libro que es un legado para continuar la misión.

Cada día me faltan menos para alcanzar el millón de millonarios, y sé que tú que has recibido mi mensaje me ayudarás a lograrlo como me están ayudando mis alumnos.

Nada va a pasar en tu vida hasta que tú no hagas algo para que pase, ser dueño de tu destino, tomar el control de tu vida, lo logras gracias a tu propio emprendimiento.

Emprender es el antídoto contra la pobreza, la pobreza de mentalidad, de espíritu y esa pobreza económica que no necesariamente es la falta de dinero.

La economía de nuestros países será mejor el día que más personas seamos dueñas de nuestros negocios, ese día lograremos la abundancia y la prosperidad en nuestra región, pero mientras eso ocurre tenemos que empezar por lograrla en nuestra vida y en nuestro entorno.

Se acabó echarle la culpa a los demás, al gobierno, a los políticos, al país, a la familia, es hora de asumir nuestra responsabilidad, de tomar decisiones.

Hemos creado un movimiento, un idioma nuevo y espero con

este libro crear una nueva conciencia, tú no eres menos que ninguna otra persona en este universo, tienes las mismas capacidades que cualquier otra, la diferencia entre unas y otras radica en hacer o no hacer, en tomar acción y perseverar.

Hoy comienza tu dieta de 90 días, por 3 meses no consumirás nada de información diferente a la que has visto en este libro, lee cada capítulo de nuevo, ingresa a la página: **www.prohibidoserpobre.com/amazon** para descargar el material complementario, mira los ejemplos y vas a implementar paso a paso cada proceso, estaré ahí para guiarte y puedes contar conmigo si quieres avanzar o alcanzar el siguiente nivel.

A partir de hoy, está PROHIBIDO SER POBRE, tienes una consigna, un propósito, una meta, eres parte de un movimiento, una familia porque ya no estás solo, ahora estamos IN.

Un abrazo,

Luis Eduardo Barón

*"Recuerda que el éxito es mejor buscarlo,
que sentarse a esperarlo"*

RECURSOS

Los recursos aquí sugeridos son empresas externas que no son de propiedad del Instituto de Negocios o su empresa matriz. No controlamos las actualizaciones o el servicio al cliente de las mismas y sólo hacemos la referencia porque la mayoría de estos recursos son los que usamos en nuestra capacitación.

En algunos casos recibimos una comisión de referido o afiliado que nos ayuda a prestar un mejor servicio a nuestros clientes.

Dominios:

Dominios al costo: **www.dominiosalcosto.com**

Go Daddy: **www.godaddy.com**

Namecheap: **www.namecheap.com**

Sitios de Hospedaje (Hosting)

Hospedaje web: **www.hospedajewp.com**

Autorrespondedores:

Active Campaign: www.activecampaign.com

Aweber: http://ojo.la/aweber

Get Response: www.getresponse.com

Infusionsoft: http://infusionsoft.com

MailingBoss: http://ojo.la/builder

Mailchimp: www.mailchimp.com

Mautive: http://ojo.la/mautive (Esta es una "marca blanca" de Active Campaign).

Constructores de páginas:

BuilderAll: http://ojo.la/builder

ClickFunnels: http://ojo.la/cf

Kartra: www.kartra.com

Lead Pages: www.leadpages.net

Optimize Press: http://ojo.la/op

Webinars:

Easy Webinar: www.easywebinar.com

Go To Webinar: www.gotowebinar.com

Webinar Jam: www.webinarjam.com

Zoom: www.zoom.us

Webinars Automatizados:

Everwebinar: www.everwebinar.com

Sitios de membresía:

ActiveMember360: www.activemember360.com

iMember360: www.imember360.com

Kajabi: www.kajabi.com

Memberium: www.memberium.com

WhishList Member: www.member.wishlistproducts.com

Plataformas de pago:

Clickbank: www.clickbank.com

2Checkout: www.2checkout.com

Hotmart: www.hotmart.com

PayPal: www.paypal.com

Stripe: www.stripe.com

Cursos de capacitación:

ADN del Marketing Digital:
www.adndelmarketingdigital.com

Dobla Tu Productividad:
www.doblatuproductividad.com

El Poder de los Seminarios Digitales:
www.seminariosdigitales.com

Empieza Tu Negocio: www.empiezatunegocio.com

La Fórmula de los Videos:
www.laformuladelosvideos.com

GLOSARIO DE TÉRMINOS

Diccionario de Emprenduñol

ACV: *Average Cart Value*, o valor promedio de la venta. Es el valor del cliente durante el embudo de ventas.

Afiliado: Un emprendedor digital que gana comisión por la venta o promoción de nuestros productos.

Audiolibro: Versión en audio de un libro.

Autorrespondedor: Gestor de listas, administra los contactos una vez se registran en nuestra base de datos y a través de él se realizan las comunicaciones con los prospectos.

Avatar: Es la representación de nuestro cliente ideal.

Blog: Gestor de contenidos de valor específico para nuestro prospecto.

Broadcast: Transmisión de un correo electrónico.

Coaching: Entrenamiento.

Conversiones: El porcentaje entre el total de prospectos y la venta obtenida, o el número de visitantes que pasaron a ser prospectos.

Copy: Texto persuasivo que sustenta una estrategia de *marketing*.

Copywriter: La persona que trabaja escribiendo textos persuasivos para vender.

Cross selling: Venta cruzada.

CPL: Costo por *Lead*, es el costo que tenemos de adquisición de un prospecto.

CTA: *Call To Action*, es el llamado a la Acción.

CTR: *Click Through Rate*, es el índice de clics en un enlace de un correo electrónico.

Dominio: Es el nombre único que identifica a un sitio web en Internet.

Downsell: Venta de menor precio.

e-book: Libro digital.

e-mail: Correo electrónico.

e-mail marketing: *Marketing* realizado gracias a correos electrónicos.

Evergreen: O perpetuo, es un proceso permanente al que tus prospectos pueden acceder en cualquier momento.

Follow up: Seguimiento, concepto usado en la transmisión programada de correos electrónicos.

Funnel: Embudo.

Hosting: Hospedaje, es el sitio que rentas donde se aloja la información de tu sitio web.

Inbox: Bandeja de entrada de tu servicio de correos.

Inbound marketing: Es una estrategia para atraer clientes con contenido de valor y relevante.

Infoproducto: Producto digital.

JV-Partner: Aliado estratégico, usualmente afiliado.

Keyword: Palabra clave.

Landing Page: Página de aterrizaje, es la página donde alojas tu *Lead Magnet*.

Lanzamiento: Es el proceso psicológico usado para lanzar tu producto.

Lead: Prospecto, un cliente potencial que mostró interés en nuestro producto o servicio.

Lead Magnet: Imán de prospección, es una parte de tu producto que das gratis a tus prospectos a cambio de su información básica, nombre y correo electrónico.

Lista: La base de datos de tus suscriptores.

Marketing: Proceso de mercado.

Mastermind: Es un concepto de reunión de dos o más personas alineadas con un mismo propósito donde la sumatoria de sus conocimientos producen uno mayor.

Membresía: Sitio virtual para distribución de contenido o servicio privado con acceso sólo para los miembros.

Nicho: Es un segmento de mercado o público objetivo.

Open Rate: Es el índice de apertura del correo electrónico.

Opt-in: Es la autorización de un prospecto, necesaria para recibir comunicaciones por e-mail.

OTO: *One Time Offer*, (Oferta de única vez).

PDF: *Portable Document Format,* es un formato de almacenamiento para documentos digitales.

Píxel: Es un pequeño código que se instala en tu web o página de aterrizaje, que te ayuda a dar seguimiento a las conversiones de tus anuncios.

Podcast: Es un programa en audio con una periodicidad definida no restringido a una transmisión lineal.

P.U.V.: Proposición Única de Ventas, es el factor diferenciador de tu producto o servicio frente a tus competidores.

ROI: Retorno a la Inversión, es el valor obtenido como resultado de una campaña de marketing.

Spam: Correos no deseados.

Tag: Etiqueta, una identificación que puedes poner a tus prospectos en la lista de tu autorrespondedor.

Thank You Page: Página de gracias o agradecimiento, es la primera página que ve tu prospecto después de dejar sus datos. Puede ser también la página de descarga del *Lead Magnet* o de producto.

Tráfico: La acción de generar prospectos para que visiten tus propiedades virtuales con un objetivo específico.

Tripwire: Un producto de un precio que no ofrezca resistencia con el único fin de convertir a un prospecto en cliente.

Upsell: Venta incremental.

Webinar: Seminario digital, una transmisión en Internet donde puedes tener audiencia virtual y realizar tu presentación desde cualquier parte del mundo.

Webinar evergreen: es un seminario digital permanente.

Website: Sitio web.

WordPress: Gestor de contenidos.

SOBRE EL AUTOR

LUIS EDUARDO BARÓN

En una casa humilde de una pareja de emprendedores nació en Ibagué, en Colombia, Luis Eduardo, el menor de tres hermanos. Era un sábado a las 7:15 a.m. y desde sus 4 años su sueño fue ser arquitecto y obcecado como es, lo logró cuando se graduó de Arquitectura en la Universidad Javeriana de Bogotá.

Trabajó en la empresa de su hermano Jorge, su gran ejemplo, y logró liderar la compañía hasta convertirla en una de las principales empresas de televisión en su país.

Empezó su propia productora siendo innovador en muchas técnicas audiovisuales y en 1999 viajó a Sarasota, una pequeña ciudad en la Costa Oeste de Florida en los Estados Unidos, a comenzar desde cero una nueva vida.

Experto en reinventarse fundó dos publicaciones para la comunidad hispana, la revista LA GUÍA y el periódico 7DÍAS. Medios ganadores de varios premios de la industria. Recibió en dos ocasiones el Premio Nacional de Periodismo José Martí a la Mejor Columna Editorial, Empresario del Año, Negocio Minoritario del Año; y las compañías Ford Motor Company y AOL Latino, lo seleccionaron como uno de los 5 visionarios hispanos de los Estados Unidos.

Por su trabajo como líder de la comunidad fue invitado por el presidente Barack Obama.

En 2011 comenzó a llevar su mensaje empresarial a Internet, fundó el Instituto de Negocios, la casa de los emprendedores hispanos, y gracias a sus programas de capacitación ha cambiado la vida de miles de personas en más de 46 países.

Su sueño de tener un millón de millonarios hispanos, gracias a su propio negocio, se convirtió en una vocación que lo ha llevado a ser conferencista internacional, autor de varios libros *best seller* y mentor de muchos de los protagonistas de la industria.

Padre de Juan Sebastián, Daniela y Manuela, suegro de Shawn; papá adoptivo de Isabella, Tony y Oreo. Vive con su esposa Martha Lucía, la "jefe", su amiga y compañera en este viaje por la vida, en los Estados Unidos cumpliendo su misión...

"Nunca pude construir casas, pero me convertí en un constructor de historias de éxito".

Para saber más de Luis Eduardo puedes visitar:

institutodenegocios.com/yt

institutodenegocios.com/fb

institutodenegocios.com/ig

tinstitutodenegocios.com/tw

linstitutodenegocios.com/lk

www.luisbaron.com

www.ingramcontent.com/pod-product-compliance
Lightning Source LLC
Chambersburg PA
CBHW060828170526
45158CB00001B/114